칼 귀츨라프

한국 개신교 최초의 선교사

한국 개신교 최초의 선교사

칼 귀츨라프

최완기 지음

추천의 글

1885년 4월 5일, 언더우드와 헨리 아펜젤러가 제물포항을 통해 조선 땅에 첫발을 내디뎠던 그때를 조선 선교의 원년으로 꼽습니다.

그러나 그보다 50여 년 앞서 귀츨라프가 영국 동인도회사 상선을 타고 서해 도서를 방문해 성경과 선교문서를 배포하며 조선 선교의 첫 접근을 시도했습니다. 당시 조선은 쇄국정책으로 문을 닫고 있던 때여서 선교 접근이 결코 쉽지 않았습니다. 그런 면에서 귀츨라프의 선교는 뜻깊은 사건이 아닐 수 없습니다.

귀츨라프는 최초의 조선 선교의 씨앗을 뿌렸고 뒤이어 다수의 선교사들이 조선 땅을 밟기 시작했습니다. 그 씨가 자라 오늘의 대한민국을 일궜고 한국 교회를 이룩했습니다. 그런 의미에서 귀츨라프의 조선 선교를 조명하는 일은 매우 뜻깊은 일이 아닐 수 없습니다.

최완기 목사님은 미국 이민 교회 목회에 평생을 바쳤고, 선교적 관심이 높아 그 분야의 연구를 거듭한 신학자이기도 합니다. 귀츨라프를 조명하고 연구한 책을 펴내게 된 것은 조선 선교 역사 연구에 쾌거가 아닐 수 없습니다.

이 저서가 한국 선교를 이해하고 연구하는 길라잡이가 되고 크게 기여하리라 믿어 의심치 않습니다. 이 책을 펴내기에 심혈을 기울인 최완기 목사님과 이 책을 손에 들게 될 독자들에게 하나님의 은혜가 함께하시길 빌며, 이 책이 널리 퍼져나가길 바라는 마음을 담아 추천하는 바입니다.

박종순 목사
충신교회 원로목사

∙ ∙ † ∙ ∙

칼 귀츨라프 선교사는 "너희는 온 천하에 다니며 만민에게 복음을 전파하라"는 예수님의 지상명령을 좇아 극동의 멀고 낯선 나라로 순교정신을 가지고 찾아와서 복음의 불모지에 씨를 뿌렸습니다.

현재 우리나라의 기독교 교세가 대략 6만 교회, 1천만 신자가 되니 선교사들의 역할이 얼마나 막중한가를 절실하게 느끼게 됩니다. 실로 '시작은 미약하였으나 나중은 창대하게' 되었습니다.

칼 귀츨라프의 선교 활동에 관련된 자료를 수집하고 정리한 논문과 린지의 '한반도 기행문'을 번역하여《한국 개신교 최초의 선교사 칼 귀츨라프》라는 책을 발간하신 최완기 목사님 덕분에 미처 잘 알지 못하였던 귀중한 정보를 얻게 되었고, 눈물겹고 감동적인 선교 역사를 읽고 깊은 감명을 받았습니다.

조용목 목사
은혜와진리교회 담임목사

· · † · ·

칼 귀츨라프(Karl Friedrich August Gützlaff, 1803-1851)는 독일 출신 개신교 선교사입니다. 1832년 7월, 영국 상선 '로드 암허스트'(Lord Amherst) 호를 타고 조선 서해 섬지방을 탐색하면서 조선과 무역 및 선교 가능성을 탐색했던 것으로 알려지고 있습니다.

충청도 부근의 섬, 특히 고대도에 잠시 접안하고 무역 통상의 가능성을 타진했던 것으로 알려지고 있으며 선교를 위해 한문으로 번역된 성경과 기독교 소책자, 의료서적 등을 조선인들에게 전했던 것으로 알려지고 있습니다.

귀국 후 조선 문화·언어·사회에 대한 기록을 남김으로 서양에 조선을 알리는 귀중한 정보를 전달한 인물이기도 합니다. 귀츨라프의 발자취는 최초의 선교사의 활동이었던 것으로 한국의 선교 역사에 중요한 의미를 부여하는 것이라 할 수 있습니다. 통상과 선교의 문을 여는 데는 실패하였지만 앞이 보이지 않던 조선을 향한 하나님의 사랑이 이렇게 시작되었다는 사실 앞에 뭉클한 감동과 은혜를 고백할 수밖에 없는 역사였음을 알 수 있습니다.

한국 선교에 영향을 끼친 선교사로서 언어학자이자 선교 전략가였음을 알 수 있습니다. 참으로 감사한 일은 미국에서 이민 목회를 오래 하신 최완기 목사님을 통해 소중한 역사를 다시 우리 앞에 펼쳐주신 하나님을 찬양합니다. 이 소중한 책을 통해 190여 년 전 조선을 향한 하나님의 사랑을 경험해 보는 복된 일이 일어나시기를 기도합니다.

사랑하고 존경하는 최완기 목사님의 열정과 헌신에 감사하면서 이 책을 만나시는 분들께 큰 은혜가 있으시기를 기원합니다.

이수훈 목사
당진동일교회 담임목사

• • † • •

비록 소책자이지만 본서는 한국 교회 선교 역사에 관한 중대하고도 도전적인 주제를 담고 있습니다. 그동안 통념으로 인식해 왔던 한국 개신교 선교의 원년을 1884년이나 1885년이 아니라 그보다 53년 앞서 독일 루터교 목사 칼 귀츨라프(Karl Friedrich August Gützlaff, 1803~1851)가 최초로 한반도를 방문한 1832년으로 보아야 한다고 본서는 설득력 있게 주장합니다. 이는 영국 토마스 선교사의 순교(1866)보다도 34년이나 앞섭니다.

본서의 주장이 객관적인 1차 사료에 근거하고 있다는 점, 그리고 유럽 출신 선교사인 토마스와 귀츨라프의 한국 선교 활동이 별개의 우발적 사건이 아니라 일련의 연속성을 지니고 있음을 논리적으로 규명하고 있다는 점, 또한 본 논문이 한국에 칼 귀츨라프 학회 설립(2014) 24년 전에 《목회와 신학》에 발표되었다는 점이 본서의 학문적 가치와 무게를 더하고 있습니다.

무엇보다도 본서는 한국의 선교가 19세기 미국에서 부흥 운동을 경험한 미국 선교사들을 통해 본격적으로 문이 열리기 반세기 전, 18세기 독일 경건주의 부흥 운동을 경험한 선교사를 통해 굳게 닫힌 선교의 문을 이미 두드리기 시작한 하나님의 오묘한 섭리의 역사를 보여줍니다. 이는 귀츨라프와 토마스 선교사의 선교 활동을 배제한 채 한국 개신교 선교 역사를 바르게 논할 수 없음을 분명히 증언하는 것입니다.

선교의 주체는 사람이 아니라, 하나님 자신입니다. 그러므로 교파주의적 힘의 논리에 근거하여 기술된 한국 개신교의 선교 역사는 재고되어야 합니다. 비록 때늦은 감이 있지만, 이제라도 한국 교회가 본서를 주목하고 개신교 선교 원년의 역사를 바로잡게 되기를 기대합니다.

김순성 박사
전 고려신학대학원장

서문

제가 미국 미주리 주 세인트루이스에서 한인 교회를 목회하면서 루터교 미주리 시노드(Missouri Synod) 소속 컨콜디아 신학교(Concordia Seminary) 대학원에서 공부할 때였습니다.

1989년 가을 학기 때 당시 컨콜디아 신학교 교수로 조직신학과 선교학을 가르치셨던 고 지원용 박사님께서 저를 부르시더니, 박사 과정에 필수 과목인 3학점 리서치 페이퍼(Research Paper)를 써볼 의향이 없느냐고 제안하셨습니다. 그리고 1832년 약 한 달 동안(7월 17일 황해도 장산곶 도착, 25일 녹도를 거쳐 충청남도 보령 고대도에 도착, 8월 17일 제주도를 통과하기까지) 한반도 서해안 도서지방에 머무르면서 선교 활동을 했던 칼 귀츨라프(Karl Gützlaff)를 소개해 주셨습니다.

저는 컨콜디아 신학교 도서관에서 칼 귀츨라프에 관한 문헌들을 찾아 씨름했고, 결국 그 학기에 리서치 페이퍼를 완성했습니다. 그 후 이 소논문은 《목회와 신학》 1990년 5월호에 〈한국 선교 기원에 대한 새로운 고찰〉이라는 제목으로 실렸고, 조선일보도 이를 간략하게 소개한 바 있습니다.

이 소논문의 목적은 많은 사람들이 주장하고 있는 것처럼 1885년 부활주일 인천 제물포항에 동시에 입국했던 장로교 선교사 호레이스 언더우드(Horace G. Underwood)와 감리교 선교사 헨리 게르하르트 아펜젤러(Henry Gerhart Appenzeller)가 한국 최초의 개신교 선교사가 아니라, 그들보다 53년 전 한반도 서해안 도서지방에 머무르면서 제한적이나마 선교 활동을 했던 칼 귀츨라프라는 사실을 입증하려는 것입니다.

또한 귀츨라프와 함께 영국 동인도회사 상선 '로드 암허스트'(Lord Amherst) 호를 타고 한반도를 방문했던 영국 상무관 H. H. 린지(Lindsay)가 쓴 《린지의 한반도 기행문》도 제가 번역했고 《목회와 신학》에 기고해 1993년 9월호 권말 부록 특집으로 실린 바 있습니다. 특히 《린지의 한반도 기행문》은 당시 서해안 도서지방 조선인의 외국인과의 조우, 그들의 외국인에 대한 태도, 그리고 귀츨라프가 얼마나 조선인들에게 복음과 서양 문물을 전파하려고 애를 썼는지 생생하게 증언하고 있는 아주 중요한 사료라고 생각합니다.

사실 귀츨라프에 관한 이 소논문과《린지의 한반도 기행문》이 한국 교회에 소개된 지 30여 년이 넘은 이 시점에서 두 자료를 하나로 묶어 단행본으로 출간하게 된 중요한 이유가 있습니다. 이 책이 얼마나 많이 팔리고 읽힐 것인가와 관계없이, 한국 교회사를 연구하는 후학들에게 한국 선교 기원에 대한 연구를 촉발하고, 나름 중요하다고 생각되는 사료를 후대에 남기는 것이 좋지 않겠는가 하는 주위 친지들의 제안에 이 책을 출간하기로 결단을 내린 것입니다.

끝으로 저에게 칼 귀츨라프를 소개해 주시고 연구하게 해 주신 고 지원용 박사님과 기도와 물질로 저를 돕고 있는 4/14 윈도

우 뉴 제너레이션 모든 후원자님, 그리고 기쁨으로 이 책을 추천해 주신 존경하는 박종순 목사님, 조용목 목사님, 이수훈 목사님, 김순성 박사님께 깊은 감사의 뜻을 표합니다.

2025년 부활절에

최 완 기

목차

추천의 글 004

서문 010

1부
한국 개신교 최초의 선교사 칼 귀츨라프

제1장 들어가는 글
한국 교회사 기술에 있어서의 문제점 019
연구 목적과 방법 026

제2장 귀츨라프와 토마스의 만남
귀츨라프의 생애 028
토마스의 생애 037
귀츨라프와 토마스의 간접적인 만남들 052

제3장 귀츨라프와 토마스 선교 방법론 비교
개인 선교 혹은 독립 선교 060
이동 선교 067
언어 매개체의 효과적인 사용 071
맺는 글 078
참고문헌 080

2부

린지의 한반도 기행문
(조선 혹은 코리아에서의 거래)

린지의 한반도 기행문에 기초한 귀츨라프의 항해 일정 084
일지로부터 발췌 (1) 103
일지로부터 발췌 (2) 119

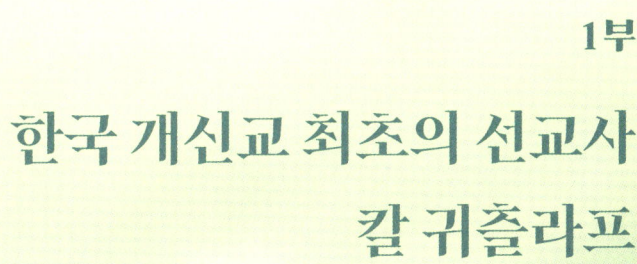

1부

한국 개신교 최초의 선교사 칼 귀츨라프

제1장

들어가는 글

한국 교회사 기술에 있어서의 문제점

1984년은 한국 기독교에 있어서 아주 의미심장한 해였다. 한국 개신교가 범교단적으로 '한국 기독교 전래 100주년' 행사들을 갖고, 이를 성대하게 축하했다.

그러나 이는 엄격히 따져보면, 역사를 잘못 해석하고 적용했던 결과였다. 물론 그들이 유독 1984년을 '한국 기독교 전래 100주년'으로 잡아 자축한 데에는 그 나름대로 이유와 근거가 있다. 곧 1885년 봄, 미국의 젊은 장로교 선교사 호레이스 언더우드(Horace G. Underwood)와 감리교 선교사, 헨리 아펜젤러(Henry G. Appenzeller)가 한국에 선교사로 소명을 받아 인천항에 첫발을 디뎠는데, 이를 개신교 선교의 시발점으로 삼은 것이다.

그렇다면 문제는 과연 언더우드와 아펜젤러가 한국 개신교 최초의 선교사들이냐 하는 점이다. 사실 이제까지 이 크나큰 문제에 대해서 의문을 갖고 이의를 제기한 사람은 아무도 없다. 대부분의 한국 교회사가들이 그들을 한국 개신교 최초의 선교사들로 인정했기 때문이다. 대표적인 예로서, 장로교 배경을 가진 한국 교회사가인 민경배 교수는,

> 1885년 4월 5일은 한국에 프로테스탄트 선교사가 첫발을 디딘 날이요, 복음의 씨가 미국인에 의해서 뿌려지기 시작한 날이다. 이날 인천에 상륙한 이들은 장로교의 언더우드, 감리교의 아펜젤러 부처, 세 사람이었다.

고 말했다.[01] 역시 장로교 선교사로 《한국 교회사》(A History of the Church in Korea)를 쓴 알렌 클락(Allen D. Clark)도, 민경배 교수와는 좀 다르게 평가했지만, 1884년 의료 선교사로 한국에 온 의사 호레이스 알렌(Horace N.Allen)을 한국 개신교 최초의 상주 선교사로 인정했다.[02] 그럼에도 클락은 언더우드와 아펜젤러 두 사람이 한국 개신교 최초로 전도 활동을 한 사람임을 덧붙이는 친절을 잊지 않았다.[03]

---

01 민경배, 「한국기독교회사」 (서울: 대한기독교서회, 1980), p. 130.
02 Allen Clark, 「A History of the Church in Korea」 (Seoul: The Christian Literature Society of Korea, 1971), pp. 88-90.
03 Ibid., 96f.

그러나 백낙준 박사는 1927년 예일 대학에 제출한 박사학위 논문 제목을 〈1832년-1910년 사이 한국에서의 개신교 선교역사〉(The History of Protestant Mission in Korea 1832-1910)라고 붙였고, 이 논문 가운데 칼 귀츨라프(Karl F. A. Gützlaff)가 한국을 방문한 최초의 개신교 선교사임을 밝혔다.04 또한 루터교 신학자인 지원용 박사는 최근에 발간된 그의 영문 저서,《한국 루터교 역사》(A History of Lutheranism in Korea)에서, 귀츨라프는 한국 개신교 최초의 선교사일 뿐만 아니라, 루터교 목사임을 밝혔다.05

귀츨라프가 한국을 방문한 때가 1832년 7월 17일이었으니, 이는 한국 개신교 최초의 순교자 로버트 토마스(Robert J. Thomas)가 미국 상선 '제너럴 셔먼'(The General Sherman) 호를 타고 대동강에 닿은 때보다 34년 전의 일이다. 또한, 대부분의 한국 교회사가들이 주장하는 이른바 한국 개신교 최초의 선교사들(알렌, 언더우드, 그리고 아펜젤러)이 한국에 발을 디딘 때에 비해 약 50여 년 전의 일이다.

---

04 L. George Paik, 「The History of Protestant Missions in Korea 1832-1910」 (Pyung Yang; Union Christian College Press, 1929), 38f.

05 Won Yong Ji, 「A History of Lutheranism in Korea」 (St. Louis: Concordia Seminary, 1988), pp. 66 -76. 또한 그의 논문 "최초의 한반도를 찾은 개신교 선교사 귀츨라프", 「신학과 신앙」, 제2호(서울: 루터교신학교, 1987), pp, 83-91을 참조하라. 귀츨라프가 신학 훈련을 받은 루터교 목사라는 사실은 귀츨라프 연구의 대가인 Herman Schlyter의 책 「Der China-Missionar Karl Gützlaff und Seine Heimatbasis」 (Gedruckt, Sweden: Ljungbergs Boktrycheri AB Klippan, 1976) 서문 (p.7)에 잘 나타나 있다.

물론 어떤 이들은 귀츨라프가 복음을 전하려는 것보다는 영국 국적 상선의 일원으로 방문했기 때문에, 그를 한국 개신교 최초의 선교사로 볼 수 없다고 주장한다.[06] 그리고 지원용 박사가 지적한 것처럼, 어떤 이들은 귀츨라프가 그의 선교 사역을 한국에서 계속하지 않았다는 점과 그의 방문은 단지 한반도 서해 연안에 그쳤다는 이유 때문에, 그가 한국 개신교 최초의 선교사가 될 수 없다고 한다.[07] 그러나 이러한 주장들은 자기모순에 빠지는 말장난에 불과하다.

첫째로, 1832년 귀츨라프가 한반도 서해 연안을 방문했을 때는 이미 전래되었던 천주교가 심한 박해를 받고 있었고, 조선 말기의 지나친 쇄국정책의 상황을 전혀 감안하지 않은 결과로밖에 볼 수 없다. 반면에 알렌, 언더우드, 그리고 아펜젤러 등의 선교사들이 미국으로부터 내한했을 때는 이미 한미 양국 사이에 수교가 이루어졌고, 통상협정도 타결되어 있었다.

이런 상황을 전혀 감안하지 않은 채, 귀츨라프가 한반도에 상주하지 않고, 단지 연안에 잠시 머물다 간 '선교의 시도자' 정도로

---

06 민병호, 「한국 개신교 최초의 순교자 R. J. 토마스 목사 연구」 (서울: 대한예수교회총회교육국, 1984). 민병호 목사는 귀츨라프가 "그도 역시 복음 선포가 주요 임무가 아니라 통상선인 로드 암허스트(Lord Amherst)를 타고 들어 왔던데 지나지 않았다"(p. 86)고 말함으로써 귀츨라프의 선교 동기 자체를 부인하거나, 적어도 과소평가하는 우를 범했다.

07 지원용, 「최초로 한반도를 찾은 개신교 선교사 귀츨라프」, p. 85.

간주되는 것은 잘못된 것이다.

만일 그에게 알렌, 언더우드, 그리고 아펜젤러 등의 선교사들이 가졌던 동등한 기회와 상황이 주어졌다면, 그의 복음과 선교에 대한 열정으로 미루어 보아 한반도에 남아 계속 복음을 전했을 것이요, 적어도 중국으로 돌아간 후 계속적인 선교 지원책을 강구했으리라는 점은 아무도 의심할 수 없을 것이다.

둘째로, 귀츨라프가 가진 선교에 대한 열정을 지나치게 작게 평가한 결과이다. 귀츨라프는 약 한 달 동안 한반도 연안에 머무르면서, ① 최선을 다해 복음을 증거하려 했고, 이는 그 자신의 한반도 기행문뿐만 아니라 동행한 영국의 상무관 린지(Lindsay)의 생생한 증언을 통해서도 확인할 수 있는 기정사실이며, ② 성경 일부분(주기도문)을 한글로 번역하는 일을 했고, ③ 중국 선교사 로버트 모리슨(Robert Morrison)으로부터 받은 상당수의 중국어 성경을 섬 주민들과 관리들에게 나누어 주었고, 심지어는 왕에게까지 전달하려고 시도했다.[08] 그는 처음부터 한국에 복음을 증거하겠다는 순수한 목표와 열정을 가지고 방문했고, 이 사실은 그의

08　　Karl Gützlaff, 「Journal of Three Voyages along the Coast of China, in 1831, 1832 and 1833, with Notices of Siam, Korea, and the Loo-Choo Islands」, (London: Fredrick Westley & Davis, 1834); H. H. Lindsay, Report of Proceedings on a Voyage to the Northern Ports of China, in the Ship LORD AMHERST(London: B. Fellows, Ludgate Street, 1933).

기행문에 명확하게 기록되었다.

> 모든 면으로 보아 우리의 방문은 내가 종종 기도로 간구한 것처럼 하나님의 뜻과 역사가 이루어진 것이다. 한국에 뿌려진 하나님의 진리가 사라질 것인가? 주님께서 허락하시는 적절한 시기가 오면 열매를 거둘 것이다.[09]

셋째로, 보다 정곡을 찔러 말하자면, 장로교 및 감리교의 교파적 편견에 의한 결과로 볼 수 있다. 개신교 전래 100주년이라는 연대 산정의 근거는 위에서도 살펴보았거니와, 알렌, 언더우드, 그리고 아펜젤러의 선교사로서의 입국에 두고 있다. 이는 한국 교회의 주종 교단인 두 교단이 각기 자기 교단의 유익을 위해 전체 한국 교회의 역사를 왜곡시켰다는 데 그 문제가 있다. 왜냐하면, 알렌과 언더우드, 그리고 아펜젤러가 한국 개신교 최초의 선교사들은 아니기 때문이다. 이는 초창기의 장로교 선교사들과 감리교 선교사들도 시인했던 자명한 사실이다. 그래서 1934년에 장로교와 감리교가 각각 선교 50주년 기념행사를 가졌다. 그때 그들은 분명히 '장로교 선교 50주년' 혹은 '감리교 선교 50주년'이라는 말을 썼지, 오늘날처럼 '한국 기독교 100주년' 혹은 '한국 개신교 100주

---

09   Gutzlaff, p. 339.

년'이라는 말을 쓰지 않았다.[10] 사실 엄밀히 따져본다면, 장로교와 감리교 선교사들 이전에, 1866년에 이미 영국 회중교회 목사 토마스가 대동강 변에서 장엄하게 순교했고, 이보다 34년이나 앞선 1832년에는 위에서 이미 말한 것처럼, 독일의 루터교 목사이자 중국 선교의 사도요, 아버지로 불리던 귀츨라프가 한반도를 찾았다. 선교의 시작이 어떤 이들의 궤변처럼 꼭 한 곳에 상주해야만 그 적법성이 인정된다는 법은 없다. 한 달 정도의 짧은 기간이라도 복음을 증거했으면, 그것도 선교요, 복음을 증거하려다 붙잡혀 곧 순교를 당했어도, 그것 또한 선교임에는 틀림없다. 만일 귀츨라프나 토마스가 장로교나 감리교의 선교사였다면, 아마도 한국 개신교의 역사 기술은 틀림없이 현재와는 달랐을 것이다. 그랬더라면, '한국 개신교 100주년' 대신, '한국 개신교 150년' 혹은 적어도 '한국 개신교 120주년'이라는 말이 쓰였을 것이다.[11]

---

10   예를 들어 당시 장로교 선교부는 "미국 장로교의 한국 선교 50주년 기념"이라는 제목의 보고서를 만들었다. The Fiftieth Anniversary Celebration of the Korea Mission of the Presbyterian church in the U.S.A. June 30-July 3, 1934(Seoul: YMCA, 1934)를 참조하라.

11   회중교회 목사 민병호는 그의 책에서 한국 개신교 역사가 영국 회중교회 목사로 대동강 가에서 순교당한 토마스로부터 시작되어야 한다고 주장한다. 그러나 필자의 입장에서 보면, 그도 역시 교파적 이익을 구하려는 편견을 못 버린 것 같다. 그는 장로교, 감리교 지도자들이 자기들의 교파적 이익을 위해 역사를 왜곡했다고 비판하나, 그 역시 자신의 교파 선교사 토마스에 집착한 나머지 귀츨라프의 한반도에서의 선교 활동을 잊는 똑같은 잘못을 범하고 있다(민병호, Ibid, pp. 129-151).

연구 목적과 방법

* ✠ *

이 글의 목적은 한국 개신교의 역사가 1832년 귀츨라프의 한반도 방문으로부터 시작되어야 한다는 사실을 보다 설득력 있게 입증하려는 것이다. 이를 위해, 위에서 이미 살펴본 것처럼, 귀츨라프 목사가 한반도를 찾은 개신교 최초의 선교사라는 사실 말고도, 한국 개신교 최초의 순교자 토마스 목사가 선교지를 중국 및 한국으로 정한 것과 또한 그의 선교 방법론 등이 귀츨라프 목사로부터 직접, 간접으로 지대한 영향을 받았다는 한 전제(Presupposition)를 세우고, 앞으로 이를 논증하려 한다. 그래서 제2장에서는 귀츨라프와 토마스가 결코 상면한 일은 없지만, 책이나 다른 경로를 통한 만남을 간략하게 소개하고, 이어 제3장에서는 토마스가 귀츨라프로부터 영향을 받았다는 가정을 여러 가지 자료들과 이미 발간된 문헌들을 통해, 귀츨라프와 토마스의 선교 방법론을 중심으로 비교 연구하여 입증하고자 한다.

제2장

귀츨라프와 토마스의 만남

귀츨라프의 생애

* ✠ *

　칼 귀츨라프는 1803년 7월 8일, 그 당시 18세기와 19세기 초에 부흥운동(Revivalism)에 큰 영향을 받았던 프러시아(Prussia)의 포메라니아(Pomerania) 지방의 한 경건한 루터교 가정에서 태어났다.[12] 그의 아버지는 기능공이었고, 가정은 독일의 전형적인 중류 가정이었다. 그는 할레의 시립학교에 입학하게 되는데, 그곳에서 희랍어와 라틴어를 배웠고, 이는 후에 그의 천부적인 어학 재질의

12　귀츨라프의 생애에 대해서는, 주로 귀츨라프 연구의 대가인 헐만 슐리터(Herman Schlyter)의 책, 「Karl Gützlaff als Missionar in China」 (Lund: C. W. K. Gleerup. 1946); Suzanne W. Barnett, "Practical Evangelism: Protestant Missions and the Introduction of Western Civilization into China, 1800~1850." Ph. D. diss., Harvard university, 1973; Jessie G. Lutz, "Karl F. A. Gützlaff: Missionary Enterpreneur," Christianity in China: Early Protestant Missionary Writings. eds. S. W. Barnett and J. K. Fairbank(Cambridge: Harvard Univ., 1985)를 보라. 또한 한국인으로는 이진호 교수가 「동양을 섬긴 귀츨라프: 한국에 최초로 온 개신교 선교사의 일대기」 (서울: 한국 감리교회사학회, 1988)가 있으나, 주로 일본인 미야꼬다 쓰네따로의 책, 「귀츨라프의 주변」을 참조했기 때문에 여러 곳에서 그릇된 기록을 발견할 수 있다. 그러나 이 책은 한국인 최초의 귀츨라프 전기라는 데 의의가 있다.

바탕이 되었다.[13] 그러나 귀츨라프는 할레의 시립학교에서 기초교육을 마치고 곧 놋쇠 세공의 도제로 들어갔다. 이때 그는 경건주의에 대한 관심을 더욱 고취시켰고, 후에 선교사가 되겠다는 결심을 했다. 포메라니아 지방에서 한낱 기능공으로 있기보다는 신비에 쌓인 동양 세계로가 도전해 보는 것이 한층 더 의미 있는 일이라고 생각했다. 더군다나 닫혀진 나라, 중국이 세계에서 가장 큰 선교 어장이라는 사실이 마치 자석처럼, 그의 관심을 끌었다. 귀츨라프에게는 무엇보다도 세계 인구의 삼 분의 일(그 당시 약 4억 명)에 복음을 전할 수 있다는 사실이 큰 도전이 된 것이다.[14]

1820년 귀츨라프가 17세 되었을 때, 프로시아 왕 프리드릭 빌헬름 3세(Friedrich Wilhelm III)가 그 고장을 방문한다는 소식을 듣고, 그는 친구 하이덴라익(Heidenreich)과 함께 시 한 수를 지어 왕에게 드렸다. 이는 왕에게 매우 무례한 행동이었으나, 왕은 그 시의 내용이 매우 애국적이고, 신앙적이어서, 그 두 소년을 불러 세우고, 그들의 소원을 물었다. 일생일대의 '좋은 때'를 맞은 귀츨라프는 자신의 소원이 '해외 선교사가 되는 것'이라고 말했다.

그는 마침내 1820년 11월 28일, 할레 시의회 인준을 받고,

---

13   그는 후에 12개 국어를 자유스럽게 구사할 수 있었고, 그중에 적어도 6개 국어는 쓸 수 있었다 (Lutz, P. 63).

14   Ibid.

1821년 1월 19일, 베를린에 있는 선교사를 양성하는 곳인 예니케 선교학교(die Missions-Schule Janiches)에 왕립 장학생으로 입학하게 되었다. 귀츨라프는 이 학교에서 3년 동안 공부했는데, 이 기간은 특별히 그에게 중요했다. 이 선교학교는 모라비안 주의와 깊게 연관된 보헤미안-루터교(Bohemian-Lutheran) 학교였다. 이 선교학교의 교장은 예니케(Janiche)였는데, 그는 모라비안 사상과 당시 영국에서 시작하여 바젤, 베를린, 서부 독일을 휩쓸었던 경건주의와 복음주의 운동의 영향을 받은 사람이었다. 그는 자기 학교 학생들을 모라비안 사상으로 양육했다. 예니케에게 가장 중요했던 것은 학생들을 모라비안 사상으로 개종시키는 것이어서, 귀츨라프는 처음 몇 달 동안 신앙의 갈등을 겪어야만 했다. 그러나 그는 이를 곧 극복했고, 결국 모라비안 사상에 심취하기까지 했으며, 그들의 용감무쌍한 선교 사업을 경하하는 데까지 이르렀다. 그는 무엇보다도 예니케의 그리스도 중심적인 메시지에 반해, 선교사로서의 이상적인 메시지로 예니케의 것을 모범으로 삼았다. 그의 넘치는 학구열과 지칠 줄 모르는 정열로 마침내 그곳에서 6개 국어를 습득했다. 또한 그는 그 기간에 베를린 대학에서 추가 과목들을 택하여 공부하기도 했는데, 이때 독일 낭만주의(German Romanticism)의 영향도 받았다.

1823년, 네덜란드 선교회(Nederland Missionary Society)로부터

선교사 지원 요청을 받은 예니케 학교에서는 교수 회의 결과 귀츨라프를 보내기로 결정했다.[15] 그는 결국 하나님에 의해 동양을 깨우도록 선택받은 것이다. 그는 남동 아시아에서의 선교 사역을 준비하기 위해 화란의 로테르담(Rotterdam)으로 갔다. 그곳에 머무르는 동안, 그는 말레이어(Malay)를 공부했고, 남동 아시아에서의 선교 사역을 위한 자료들을 수집하러 파리와 런던을 방문했다. 그가 런던을 방문했을 때, 중국에 최초로 선교사로 간 로버트 모리슨(Robert Morrison, 1782-1834)[16]을 만났다. 그때 모리슨으로부터 중국 선교에 대한 여러 가지 정보들을 접할 수 있었고, 이것이 후에 그가 중국 선교에 뛰어들 수 있는 직접적인 계기가 되었다.[17]

1826년에 안수를 받은 후, 곧이어 인도네시아 바타비아(Batavia)로 건너갔는데, 그곳에서 선교사 월터 메드허스트(Walter Medhurst) 밑에서 일하게 되었다. 그때 귀츨라프는 소위 '울트라간지스(Ultra-Ganges)' 선교 원칙들을 메드허스트로부터 소개받게 되는데, 이는 후에 중국 선교의 발판이 되었다. '울트라간지스'

---

15   그 당시 예니케 선교학교는 런던 선교회(London Missionary Society), 교회 선교회 (Church Missionary Society), 네덜란드 선교회(Nederland Missionary Society) 등에 선교사 후보생들을 공급하는 학교였고, 각 선교회들도 국적이나 교파에 구애받지 않고 자기 선교회에 필요한 사람이라고 인정되면, 선교사로 채용하여 선교지에 보내는 것이 통상례였다.

16   그는 중국 개신교 최초의 선교사였고, 또한 성경 번역가였다. 그는 당시 구미 기독교계에서 절대적으로 불가능하다고 평가한 중국어 성경 번역을 거의 완성시킨 집념의 학자이기도 했다.

17   Schlyter, pp. 25 - 32; cf. Lutz, p. 65.

선교 원칙들이란 그 당시 인도차이나 지역에 흩어져 있는 화교들을 찾아다니며, 중국의 문이 열릴 때까지 시간을 기다리면서, 그들에게 주로 간행물들을 배포하는 방법이었다. 귀츨라프는 화교들이 살고 있는 인도차이나의 여러 지역들(수마트라, 자바, 빈탕 섬, 말라카, 싱가포르, 그리고 시암 등)을 쉴 새 없이 순회하면서 복음을 전했고, 열심히 중국어를 공부했다. 그러나 중국에 들어가 선교하는 일에 지나치게 조심하는 네덜란드 선교회의 미온적인 선교방침에 그는 점점 회의를 느끼기 시작했다. 그뿐만 아니라 참고 기다리지 못하는 그의 한 성격으로 마침내 1828년, 그는 네덜란드 선교회와 관계를 끊고 개인 선교사가 되었다. 그 후로 그는 시암(현재의 태국)에서 성경을 번역하며, 의료 선교를 하는 등 열심으로 선교 사역에 임했으나, 단지 몇 명의 개종자만 있었을 뿐 교회는 단 하나도 설립하지 못했다. 게다가 첫 부인 뉴웰(Newell)이 선교지에서 병으로 죽자, 그는 이때야말로 전부터 자신이 동경하던 선교지, 중국으로 가야 할 때라고 느꼈다. 그는 이미 개인 선교사로 일하고 있었기 때문에, 아무에게도 재가를 맡아야 할 필요도 없었고, 중국 선교를 위한 결단이 하나님의 인도하심임을 확신하고 있었다.

1831년부터 1833년 사이에 귀츨라프는 중국 연안을 따라 세 차례의 선교 여행을 떠나는데, 첫 번째 여행은 방콕을 떠나 톈진(Tientsin)까지 가는 것이었고, 두 번째 여행은 모리슨의 소개로 당시 광동 부근의 다른 항구들을 찾아 정기 교역의 길을 트려고 하는 관심을 가진 동인도회사의 배, 곧 '로드 암허스트'(Lord Amherst) 호를 타고 떠났는데, 이때 한국의 서해안을 약 한 달 동안 방문하였던 것이다.[18] 그리고 세 번째 여행은 무장된 영국 국적의 아편 밀수선을 타고 수행했는데, 이는 귀츨라프 성격의 한 단면을 그대로 보여주는 것이다. 네덜란드 선교회를 떠날 때와 마찬가지로, 여기에서도 성급한 결단, 인내심의 결핍 등을 볼 수 있다.[19]

이 세 차례의 선교 여행 이후에도 그는 활발한 순회 활동을 계속했으나, 선교 활동 범위는 후켄(Fukien) 연안과 마카오, 홍콩, 그리고 광동 지역 등에 국한되었다. 그러나 이 기간(약 8년)에 자신의 선교 여행에 대한 기사와 저술을 잡지와 책으로 펴냈는데, 이는 주로 화란어, 프랑스, 독일어, 그리고 영어 등으로 발간되었다.

---

[18] 위에서 이미 소개한 귀츨라프와 린지의 기행문은 당시 조선 왕조의 야소교(개신교)에 대한 반응과 백성들의 외국 문물에 대한 반응들을 연구하는 데 가장 권위 있는 자료이다. 그리고 귀츨라프가 얼마나 복음을 열심으로 전했는지 잘 입증해 주는 귀한 자료이기도 하다. 그 당시 조선 왕조는 지나칠 정도로 쇄국정책을 쓰고 있었고 이미 전래된 천주교도 큰 박해를 받고 있었다. 이런 상황이었기 때문에 귀츨라프가 접한 사람들은 대부분 그와 일행들을 기피했고 심지어는 두렵게까지 생각했다. 그럼에도 귀츨라프는 중국어 성경과 전도 책자들을 주민들에게 나누어 주었고, 한문으로 된 주기도문을 '양이'(관원 중 한 사람)에게 불러주어 한글로 받아쓰도록 하여, 적은 분량이지만 성경의 일부분을 번역하려고 시도했으며, 감자 재배 방법도 가르쳐 주었다. 그리고 비록 되돌아오기는 했지만, 왕에게까지 영국과의 통상을 윤허해 달라는 린지 상무관의 편지, 여러 종류의 선물들과 함께 성경을 전달하려고 했다.

[19] 이는 귀츨라프의 가장 큰 약점이다(Schlyter, pp. 77-86).

그는 《중국요람》(The Chines Repository)이라는 선교 잡지를 통해, 중국과 자신의 선교 경험 등을 자주 소개했다. 그리고 1838년, 《열린 중국》(China Opened)이라는 수필을 통해, 중국의 서예, 역사, 관습, 종교 경제 등을 소개했다. 이러한 저술 작업은 유럽 사람들에게 선교지로서의 중국과 시장으로서의 중국에 대한 관심을 고조시키는 데 큰 영향을 주었다.[20]

1834년 12월, 귀츨라프는 대영제국 무역 책임관의 중국 담당 보좌역 및 통역관의 자리를 맡게 되었다. 1839년에 일어난 아편전쟁으로 말미암아, 그 직임에 대한 그의 임무는 더욱 무거워져 갔고, 1843년에는 로버트 모리슨의 아들 존 모리슨(John R. Morrison)의 천거로 그의 뒤를 이어 홍콩 정부의 대중국 담당 보좌관으로 취임했으며, 그가 세상을 떠나는 날까지(1851) 그 자리를 지켰다. 물론 이런 막중한 위치와 이에 따르는 책임이, 그의 말년의 선교 사역을 부진하게 만들었지만, 귀츨라프의 선교에 대한 열정과 비전(vision)은 결코 수그러들지 않았다. 남는 시간들과 휴가를 이용해, 어떤 전임 선교사(Full-time missionary) 못지않게 순회 전도에 힘썼으며, 특별히 문서 전도에 주력했다. 그리고 모리슨이 번역한 중국어 성경을 개역하는 데 공헌했으며, 중국어 문법과 화영사전(Chinese-English Dictionary)을 발간했다.

---

20   Lutz, pp. 66~67.

무엇보다도 이 기간에 특기할 일은 귀츨라프가 '중국인 협회'(The Chinese Union)를 결성한 것이다. 그는 중국인 설교자들과 전도자들 스스로 중국 구석구석을 다니며, 중국을 자신의 세대에 복음화하려는 원대한 계획 속에 이 기구를 만들었다. 귀츨라프 자신의 통계에 따르면, 한때는 중국 전체의 18개 성(Province) 가운데 12개 성에 약 1,000명의 권서(종교 서적을 팔며 복음을 전하는 사람)와 약 100명의 설교자가 일하는 큰 기구로 발전했으나, 후에 귀츨라프 자신의 감독 소홀(그가 관직에 머물고 있었기 때문에 그들을 감독한다는 것은 불가능했다)과 중국인 사역자들의 부정직 때문에, 이 기구의 존재 이유가 그를 가장 먼저 돕던 유럽의 후원자들에 의해 도전받게 되었다. 그래서 이들을 감독할 선교사들을 찾던 1847년, 바젤 선교회와 바르멘 선교회로부터 선교사들을 지원받게 되었다. 그러나 그들은 얼마 있지 않아 귀츨라프의 독선적인 행동과 자신들이 소속된 선교회들과의 갈등 때문에, 그를 떠나고 말았다. 엎친 데 덮친 격으로 그가 1849년 선교를 위한 후원회 조직 때문에 유럽으로 갈 때 후임으로 그 기구를 맡아 감독했던 함버그(Hamberg)가 자기 의도대로 조직을 축소하여 전혀 새로운 방향으로 이끌어 갔고, 귀츨라프의 선교가 전혀 효과가 없으며 현실적이 아니라는 요지의 편지를 구미 각 선교회와 귀츨라프의 후원자들에게 보냈다. 이는 귀츨라프에게 정말 큰 타격이었고 이를 수습하려고 곧 중국으로 돌아왔으나, 결국 이전처럼 빛을 보지 못하고, 1851년 그의 죽음과 함께 유명무실한 단체가 되고 말았다. 그러나 모든 선교회와 선교사들에게 외면과 비판을 받던 그의 선교 방법은 영국 선교사 허드슨 테일러(Hudson Taylor)가 채택, 적용해 꽃피었고 마침내 '중국 내지 선교회'(China Inland Mission)의 기초가 되었다. 그래서 '중국 내지 선교회의 아버지'로 불리던 테일러는 추후에 귀츨라프를 가리켜 '중국 내지 선교회의 할아버지'[21]라고 서슴지 않고 불렀던 것이다.

---

21 Schlyter, p. 290: "그(귀츨라프)가 결코 실현할 수 없었던 목표들, 실패한 듯 보였던 아이디어들 - 고지식한 운영과 광범위한 전도 사역들 - 이 다른 마음의 토양 속에 좋은 씨로 뿌려져 적어도 중국 거의 모든 지역에 열매를 맺었다. 오랜 후에 중국 내지선교회가 내지의 각 성마다 결성되었을 때, 이 선교회의 설립자는 매우 사실적인 판단으로서 귀츨라프 박사를 '그 사역의 아버지'라고 부르는 것을 좋아했다."

토마스의 생애

✻ ✾ ✻

한편, 로버트 저메인 토마스는 1840년 9월 7일, 웨일스의 라드노셔(Radnoshire) 주 라야더(Rhayader)에서 목사인 토마스의 아들로 태어났다.[22] 8세 때 아버지 토마스는 하노버의 한 회중교회에 부임하게 되었고, 그래서 로버트 토마스는 런던대학교에서 공부할 때까지 그곳에서 어린 시절을 보냈다. 그는 하노버에서 고등학교를 마친 후, 1856년 17세 되던 해에 오은들(Oundle)에 있는 초등학교에서 반년 동안 교편을 잡았다. 그해 7월에 런던대학교 안의 뉴 칼리지(New College)에 지원했고, 9월에 있었던 입학시험에 합격하여, 40파운드의 장학금을 받고 입학했다. 당시 뉴 칼리지는 회중교회 소속이었는데, 토마스는 잠시 회중교회 자체에 회의

---

[22] 로버트 저메인 토마스의 생애에 대해서는 주로 민경배 교수의 책, 「교회와 민족」(서울: 대한기독교출판사, 1981)을 참고했다. 특기할 만한 것은 이제까지 정설로 알려졌던 토마스가 스코틀랜드인이며, 또한 에든버러의 뉴 칼리지 출신이라는 것(예를 들면, 백낙준 박사의 「한국 개신교 선교사」도 그렇게 주장한다)이 민경배 교수에 의해 최초로 잘못된 기록인 것임이 판명되었다.

를 품어, 1859년 9월에 임의로 휴학계를 냈다. 그가 제출한 휴학계에는 휴학하는 이유로 건강 악화를 들었다. 그러나 이는 한낱 핑계에 불과했고, 사실은 다른 교파 대학으로 가려고 했던 것이다.[23] 그러나 할리(Halley) 박사의 권유와 설득으로 뉴 칼리지에 복학했고, 결국 그 대학을 졸업했다. 민경배 교수가 직접 런던 뉴 칼리지에 가서 확인한 바에 따르면 토마스는 대학 시절 학교 당국에 엉뚱한 요구를 하곤 해서 교수들을 당황하게 했던 문제아였다.[24] 그는 4년 만에 마쳐야 할 대학 과정(목사 과정)을 중국어 선교사로 가기 위해 2년 반만 마치고 수료증을 요구했던 좀 괴팍한 젊은이였다. 그가 교수 회의에 제출했던 진정서에는 이런 내용이 들어있었다.

> 5년 전 입학 지망 동기를 쓰는 난에 저는 중국의 선교사로 가겠다는 의견을 밝힌 적이 있습니다. 그 후로 그 꿈은 가신 날이 없습니다. 2년 전 이 말을 들은 저의 친구는 극구 이를 반대했습니다. 그러나 저는 그 문제를 계속 심사숙고해 왔고, 지난해 연말부터는 중국에 가는 것이 저의 의무라고 굳게 믿게 되었습니다. 3개월여에 걸친 저의 기도는 그래서 하게 되었던 것입니다. 저의 결단을 굳히기 위해서도

---

23 당시 뉴 칼리지는 회중교회의 교단 신학교였다(민경배. p. 36).
24 Ibid. pp. 46-50.

티드만(A. Tidman) 박사와 면접을 하게 되었습니다. 재학 기간에라도 '선교사 학생'으로 간주되고 싶어서였습니다. 티드만 박사는 뉴 칼리지 교수 회의가 인정만 해준다면, 이번 7월에 중국에 보내주겠다고 하였습니다. 언어의 장벽을 뚫는 데 2년이 소요된다고 하였으나, 나의 어학 실력은 이를 쉽게 극복할 것입니다. 물론 저는 귀 교수 회의 인준 없이는 공식적인 지원을 하지 않겠습니다. 선교사들의 뜨거운 정열과 거기 수반하는 책임을 깊이 생각할수록 마음이 약해집니다만, 그것이 저의 의무라고 생각하고 있습니다. 급속한 교수 회의의 결과를 기다립니다.[25]

물론 이 진정서가 교수 회의에서 부결된 것은 더 말할 나위도 없다. 문제는 중국에 가겠다는 동기는 좋으나, 그의 결정이 너무 성급했고 경솔했다는 것이다.[26] 그의 성급함과 경솔함은 여기에서 끝나지 않는다. 다음 해 1월 약 6개월 만에, 중국에 선교사로 가겠다는 탄원을 교수 회의에 또다시 상정했다.

---

25 Ibid. pp. 48~49. 티드만 박사는 그 당시 런던 선교회의 총무였다. 런던 선교회는 1795년 회중교회, 성공회, 장로교, 감리교가 합계 결성하여 발족했으나, 선교지에서는 선교사 자유로 교단을 정하도록 하였다. 그러나 그 가운데서도 회중교회가 이 선교회를 주도했고 뉴 칼리지는 이 교단의 신학교여서, 뉴 칼리지와 런던 선교회와의 관계는 아주 밀접했다(Latourette, 「A History of Christian Missions in China」, New York: The MacMillan Co., 1929. pp. 206~207).

26 후에 귀츨라프와 함께 비교 연구를 하겠지만, 토마스와 귀츨라프는 성격의 급함과 경솔함, 지나칠 정도의 자신만만함, 그리고 일의 추진력 등 여러 가지 면에서 닮은 점들이 많다.

작년에 제 문제를 금년으로 연기해 놓았습니다. 이번 여름에 중국에 가도 되겠습니까? 그곳은 사람이 없어서 야단입니다. 새 선교지 개발 때문이 아닙니다. 이미 시작한 일터에서 병과 재정난으로 선교 사업을 지속하지 못할 형편입니다. 빨리 가야 합니다. 유럽 말들을 좀 하는 저는 교육받은 중국인들을 선교할 수 있다고 확신합니다. 선교사란 지적으로 설득을 시켜야 하는데, 이는 그 토착인들처럼 말을 할 때에만 가능합니다. … 제가 이 나라에서 일하려면 과정 단축을 바랄 이유가 없습니다. 언어의 어려움에 귀가 익숙해지려면, 시간이 금과 같기 때문입니다.[27]

그러나 이 탄원 역시 교수 회의에서 또 한 번 거절되었고, 토마스는 하는 수 없이 모든 과정을 다 이수해야만 했다. 그동안 그는 선교사가 되겠다는 굳은 의지 때문에 교수들에게 오해를 받기도 했지만, 신학, 고전, 어학 전반에 걸쳐 아주 우수한 성적으로 졸업하였다. 그래서 교수 회의는 학교 당국에 그의 선교를 위해 장학금을 품신했고, 그는 10파운드의 셀원(Shelwyn) 장학금과 20파운드의 밀(Mill) 장학금을 탈 수 있었다.

런던 선교회로부터 중국 선교사로 임명받은 토마스는 졸업

---

[27] 민경배의 책에서 다시 인용(p. 47).

한 지 6개월만인 1863년 6월 4일, 하노버교회에서 목사 안수를 받았고, 이어서 한때 교편을 같이 잡고 있었던 오은들(Oundle) 의 처녀, 케롤라인(Caroline)과 결혼했다. 그리고 그해 7월 21일, 부인과 함께 그토록 대망하던 선교지 중국을 향해 폴메이스 (Polmaise) 호를 타고 장정에 오른 것이다. 토마스 선교사 내외는 그해 12월 초, 상해에 도착해서 그곳 런던 선교회 책임자인 윌리엄 무어헤드(William Muirhead)의 영접을 받았다. 그러나 토마스는 중국에 도착한 초기부터, 영국에서 생각하고 그렸던 선교에 대한 자신과 꿈에 대한 도전을 받기 시작했다. 곧 다음 해인 1846년 3월에 부인이 유산 때문에 병사하고 말았고, 상급자인 무어헤드와의 관계에 금이 가기 시작했다. 무어헤드는 사실 런던 선교회가 토마스를 그에게로 보낼 때, 큰 기대를 걸었다. 물론 그의 탁월한 어학 실력은 인정했지만 자유분방하고, 지극히 개인주의적인 행위를 늘 못마땅하게 생각하고 있었다.[28] 그래서 그는 토마스를 비판하는 보고를 여러 차례 런던 선교회에 상신했던 것이다. 물론 무어헤드의 편지에서도 잘못이 있었다. 냉철하고 예리한 토마스의 눈에 무어헤드가 상사라는 빌미로 월권을 행사하고 있었고, 물

---

28 예를 들면, 토마스가 자기 부인이 죽은 곳에 더 있을 마음도 없었기는 하지만, 무어헤드의 의사와는 달리 상해보다는 무창을 자기의 선교지로 생각하고 있었고 자주 무어헤드의 선교정책을 비판하곤 했다. 그리고 그는 누구든지 선교사가 되어 선교지에 오면, 적어도 2년 동안은 그 나라의 말을 익혀야 한다고 생각했기 때문에, 시간만 있으면 선교사들의 모임보다는 중국인들과 함께 어울렸고 그러다 보니 고정적인 선교 관념을 가진 무어헤드의 눈에 나지 않을 수 없었다(민경배, p. 53).

질적인 면에 깨끗하지 못한 점들이 드러났던 것이다. 그래서 그의 성격으로는 자기만 당하고 있을 수 없어서, 무어헤드의 비리를 런던 선교회에 보고했고 결국 이것이 원인이 되어 그는 사표를 내고 자기를 파송했던 런던 선교회를 떠나게 되었다. 이는 토마스가 상해에 도착한 지 꼭 1년 만에 있었던 일이었다.[29]

막상 런던 선교회를 떠나고 나서, 갈 곳이 없던 토마스는 마침 전부터 교분이 있었던 당시 로버트 하트 경(Sir Robert Hart)이 세관장으로 있는 치푸(Chefoo) 중국 황립 세관의 통역 연수생으로 1865년 1월에 취직하였다. 그곳에서 일하는 동안, 토마스는 하트 경과 여러 사람의 총애를 받았지만, 중국에 선교사로 온 그가 세속 직업에 더 이상 머물러 있을 수 없어 번민하다가 8개월 만에 그곳을 떠나고 말았다. 그가 세속 직업을 떠나게 된 데에는, 전직 런던 선교회 선교사였으나 당시 스코틀랜드 성서공회(Scotland Bible Society) 치푸 주재 선교사였던 알렉산더 윌리암슨(Alexander Williamson, 1829-1890)[30]의 영향이 컸다. 그는 누구보다 토마스

---

29 그때가 1864년 12월 7일이었다(Ibid. p. 53).

30 원래 윌리암슨은 런던 선교회의 선교사로 중국에 왔으나, 그의 건강이 악화되어 귀국하여 6년 동안 머물다가, 1860년 결성된 스코틀랜드 국립 성서공회의 첫 주재 선교사로 1863년 치푸에 왔다. 그는 그가 속해있는 성서공회를 위해 중국 전역을 쉬지 않고 여행하면서 기독교 서적들을 배포했고, 후에는 중국인들을 위한 '기독교 및 일반 지식 반포 협회(The Society for the Diffusion of Christian and General Knowledge)'를 설립했으며, 이는 후에 만들어진 '기독교 서회(Christian Literature Society)'의 전신이다(Latourette, PP. 381~382: 또한 그의 책, 「A History of the Expansion of Christianity」, Vol. 6(Grand Rapids: Zondervan Publishing House, 1970), p. 331을 참고하라.).

의 선교사적 자질과 어학 능력을 높이로 평가한 사람이었다. 그는 자신이 몸담고 있었던 런던 선교회에 토마스를 변호하는 편지를 보냈는데, 여기에서 토마스가 성급하게 런던 선교회를 사임한 것을 나무라면서도, 그의 성실성과 선교사로서의 자질을 높이 평가했다. 토마스 자신도 경솔함을 뉘우치고 런던 선교회가 그를 다시 받아주기만 한다면, 언제라도 복직하겠다는 편지를 런던 선교회로 보냈다.

> 나는 언제나 선교사로 남아있겠습니다. … 언젠가 다시 귀 선교회와 관련 맺기를 바라며, 그것이 나의 명예가 될 것입니다.[31]

윌리암슨의 집에 머물면서 런던 선교회의 회답을 기다리던 토마스는 그 당시 천주교 박해를 피해 중국으로 온 김자평과 한 명의 조선 천주교 신자를 만나게 되었다.[32] 이 만남은 토마스에게 한국에 대해 관심을 갖도록 했고, 또 한국 선교에 뛰어드는 가장 직접적인 원인이 되었다. 그는 1865년 9월, 김자평과 다른 한 사람의 천주교 신자의 안내로 치푸를 떠나 어선을 타고 조선 땅을 밟

---

31 Thomas to L.M.S., Jan. 31, 1865(London: Livingston House Library).

32 E. M. Rosser. "Korea's First Christian Martyr." 「The Congregational History Circle Magazine」, vol. 1, No. 9(London, 1982). p. 25; 유홍렬, 「천주교회사」 (서울: 가톨릭출판사, 1962), p. 689. 백낙준은 그의 책에서, 윌리암슨이 먼저 이들을 만나 그들이 묵주, 십자가, 그리고 성패를 숨기고 온 것을 확인했다고 했다(p. 43).

은 것이다. 그는 치푸를 떠날 때, 윌리암슨에게 이 여행 동안 스코틀랜드 성서공회의 선교사 자격으로 무보수로 일할 것[33]을 건의했고, 윌리암슨은 스코틀랜드 성서공회 명의로 약간의 경비와 상당수의 중국어 성경과 종교 서적들을 토마스에게 건네주었다.[34] 토마스는 정확하게 9월 13일에 황해도 연안에 도착해 두 달 반 동안 머물렀다.[35] 그리고 우선 접촉하기 쉬운 천주교인들과 친분을 가지면서 한국말을 익혔다. 처음에는 경계하던 조선 사람들도 나중에는 친근해져서, 그가 배부해 주는 성경을 받기도 했다. 두 달 반을 머문 그는 서울로 가는 배를 탔지만, 큰 폭풍을 만나 구사일생으로 목숨만 건지고, 결국 만주 해안에 도착하게 되었다. 그는 우장과 산해관을 통해 결국 1866년 1월경 북경에 도착했는데 이때에는 런던 선교회로부터 그가 다시 복직해도 좋다는 편지가 이미 와있었다. 당시 런던 선교회 북경 책임자는 조셉 에드킨스(Joseph Edkins)였는데, 토마스는 그 밑에서 '영화 학원'(Anglo Chinese

---

33 Paik, p. 43.
34 Rosser. p.26; 민병호., p. 83.
35 백낙준 박사는 토마스가 도착한 장소를 알 수 없다고 하였으나, 민경배 교수는 그가 황해, 평안 두 도에 걸쳐 선교 활동을 했다고 한다(p. 60). 그러나 조선 측 사료인 고종실록을 보면, 토마스 일행이 분명코 황해에 닿은 것이 틀림없다. 그 내용을 보면, "황해도 감사 홍순목이 수로 편으로 윤석구로 하여금 달려가 물어보게 하니, 청나라 배 한 척이 자라리 근처 포구에 닿았으니. 그 배에는 아홉 사람의 청국인이 있는 중, 한 사람은 신장이 5척에 붉은 얼굴이고 푸른 눈이며, 수염과 머리털은 잘게 땋고 허리에는 단총을 찼으며, 손에는 쇠방망이를 쥐었다 하고, 영국인이 한 뭉치 종이를 모래밭에 던지고 남해로 갔다"고 했다(고종실록, 을사년, 9월 20일 자). 이후로 나오는 고종실록은 필자의 교회에 출석하는 전 한국 문공부 문화재관리위원이었던 황천오 선생의 번역임을 밝히고 그에게 감사를 드린다.

College)의 임시 원장으로 일했다. 그러나 마음은 이미 조선으로 향하고 있었기 때문에 그는 북경에 영구히 있으리라고는 한 번도 생각하지 않았다.

한편 당시 조선의 상황은 천주교 최대의 박해라 일컬어지는 '병인교난'이 한참 극심했던 때였다. 프랑스 베르느(Berneux) 신부를 비롯한 수많은 성직자들과 평신도들이 이때 순교했다. 그래서 프랑스 정부는 이런 상황을 탐사할 목적으로 프랑스 함대를 조선에 파견키로 했다. 토마스는 마침 프랑스 인도차이나 함대 사령관 로체(Roze)의 요청에 의해 통역 자격으로 승선하기로 했다. 그러나 로체 사령관이 이끄는 함대는 다른 곳의 반란을 진압하기 위해 홍콩으로 급파되어서, 그의 한국행은 좌절되고 말았다. 그런데 조선으로 다시 가기를 열망하던 토마스에게 길이 다시 열렸다. 그가 치푸로 돌아왔을 때 마침 미국 국적의 '제너럴 셔먼'(S. S. General Sherman)호가 조선과의 통상 가능성을 탐사하려고 조선으로 떠난다는 소식을 듣고, 그 배를 탔던 것이다. 그해 8월 9일 제너럴 셔먼호는 토마스를 포함한 5인의 백인과 19명의 말레이시아인과 중국인들을 태우고 조선으로 떠났다.

제너럴 셔먼호의 여행 목적은 처음부터 좀 모호한 데가 있었다. 상선으로는 너무나 지나치게 무장을 하고 있었기 때문이다. 그

래서 윌리암 그리피스(William E. Griffis)는,

> 처음부터 이 항해의 성격에 대해 의심할 점이 많았다. 평화로운 무역의 항해로서는 너무나 어울리지 않게 중무장들을 하고 있었기 때문이다. 당시 중국에서는 평양에 역대 왕릉이 있으며, 그 속에는 금괴가 파묻혀 있다고 믿고 있었다. 이번 항해가 이러한 사실과 모종의 관련이 있다는 것은 일반이 다 추측하고 있었던 바이다.[36]

라고 기술했다. 역시 고종실록을 보면, 그 배의 외양과 무장에 대한 상세한 기록이 있다. 제너럴 셔먼호가 7월 7일(양력으로는 8월 16일), 황해도 용강현 다미면 주영포에 닿았는데, 당시 황해도 감사 박승휘는 부하들을 보내어, 그 배의 거동을 살펴보게 하였다. 그때의 보고에 의하면,

> 배의 꾸밈새는 안쪽이 잿빛이요, 바깥쪽은 검정색을 칠하여 기름을 매겨서 옻칠을 한 것 같으며, 왼쪽에는 흰 분을 칠했다. 사방갑판 위 양쪽에는 한 사람의 관인과 한 사람의 부하가 있으며, 사면 창구는 구슬같이 둥글게 팠고, 양쪽

---

[36] William E, Griffis, 「Corea, the Hermit Nation」 (New York: Charles Scribners, 1889). p. 392.

돛대는 모두 소나무를 정밀히 다듬어 기름을 매기었고, 위에는 백양목 방기가 있고, 돛대 잎은 백색 양대 견직이며, 양쪽에는 대포 1좌식을 설치하였으니, 아래는 나무 바퀴이고 위는 철통으로서, 위쪽은 좁고 아래쪽은 넓다. 세 번을 쏘니 그 소리가 뇌성벽력과 같아서 사람의 이목을 놀라게 한다. 또 순경 셋이 장총을 가지고 있으니 총구 끝에 한 자가량의 칼을 꽂았으며, 조총인 즉 작은 것은 찼고, 큰 것은 걸어놓았으니 그 수를 알 수 없더라.[37] 배의 길이는 열여덟 길이요, 넓이는 다섯 길이며, 높이는 세 길이고, 양 돛대 중 하나의 높이는 열다섯 길, 다른 하나는 열세 길이며, 세 둘레만 한 큰 돛 둘에는 흰 돛 줄이 있고, 적은 돛 둘 또한 희게 구은 삼줄이더라. 조그만 돛단배가 좌우에 열둘이며, 그 나머지 배에는 잡물을 실었더라.[38]

라고 기록되어 있다. 조선 관리들은 곧 토마스를 만났는데, 그에 대하여는 "중국어를 잘할 뿐만 아니라, 우리나라 말도 듣고 말

---

[37] 고종실록, 병인, 7월 15일 자, 항 40. 이 배가 중무장한 것은 토마스가 조선 관리들에게, "우리 배의 모양은 병선 같으나, 실은 귀지와 통상코저 함이지, 상해코저 하는 마음은 전혀 없다"고 말한 것을 보아도 입증된다(일성록, 병인, 7월 15일 자).

[38] 고종실록, 항 41.

하되, 더러는 분변하고 혹은 분변치 못하더라"[39]고 했다.

토마스가 탄 배는 7월 11일, 드디어 평양 앞 신장포구에 이르렀다. 이때 조선 조정은 이미 중국으로부터 프랑스 함대의 침입이 있을 것이라는 제보를 받은 후여서, 제너럴 셔먼호가 중무장을 한 채로 평양 앞에 정박하고 있었으니, 이야말로 위기 촉발의 순간이 아닐 수 없었다. 물론 12일 아침, 평양의 중영사, 김락수가 배로 찾아와 여행 목적을 물었을 때, 토마스는 "평양을 관광하고 성주를 찾아뵈려고 한다"고[40] 대답했다. 또한 고종실록에 따르면 토마스는,

> 지금 우리 야소 성교는 천도를 획득하여 인심을 바로 잡아 사사로운 세속을 교화함으로써 인의 충효가 다 겸비한 천하 인민이 가히 좇을 만한 좋은 교로서 천주교와는 같지 않다.[41]

고 말해, 현재 핍박을 받고 있는 천주교와 자신이 전하려는 야

---

39 Ibid. 그 배 안에는 우리말을 할 줄 아는 사람은 토마스밖에 없었다. 그가 조선에 대한 관심을 가진 지가 채 일 년도 안 되었는데, 이처럼 의사소통을 하는 것을 보면, 그의 천부적인 어학적 재능의 단면을 볼 수 있다.
40 일성록, 병인, 7월 18일 자.
41 고종실록, 7월 18일 자.

소교가 다른 종교임을 천명했다. 그리고 21일, 제너럴 셔먼호는 탐사 목적으로 소형 배를 띄워 상류로 올라가게 했는데, 이때 이를 감시하던 순영중군 이현익을 잡아 억류하였다. 게다가 22일에는 이현익의 인도를 요청하는 조선 측의 요구에 포와 총을 쏘며 대응했다. 이 갑작스런 방포가 상황을 더 악화시키고 말았다. 무엇보다도 그들의 방포는 평양주민들의 분노를 사기에 충분했다. 그래서 주민들은 돌로, 군졸들은 활과 조총으로 대응했다. 그 결과 제너럴 셔먼호는 결국 양각도 아래로 퇴각할 수밖에 없었다. 이런 혼란의 상태를 틈타 박춘권이라는 무관이 인질로 잡힌 이현익을 구해내었고, 평안감사 박규수는 총공격 명령을 내렸다. 그는 조선군이 제너럴 셔먼호를 공격하게 된 이유를 이렇게 말했다.

> 앞에서는 부드럽고 관대하게 의리로서 타이르고 양곡을 주어 도우려 하였으나, 도리어 반대로 악해서 우리 중군을 잡아 둠을 위시하여 인민을 상해하니, 어찌 가히 인민의 부르짖고 일어서기만을 보겠는가? 인심이 공분하는 것이 그 원리이고 대세이다.[42]

---

42 일성록, Ibid. 제너럴 셔먼호의 이처럼 방자하고 안하무인격인 태도 중에서도 토마스는 자신의 여행 목적을 인질 이현익에게 분명히 전달했다: "우리들이 온 뜻은 첫째는 성교를 전파하는 것이고 둘째는 백미, 홍삼, 우피를 교역하는 것이요, 셋째는 각처누대를 관광하는 것이다"(고종실록, 7월 22일 자).

그렇게 닷새 동안을 서로 대치하다가 마침 장마철의 물이 빠져, 선체는 7월 25일 결국 갯벌에 좌초당한 채 조금도 움직일 수 없는 신세가 되고 말았다. 이 기회를 이용해 조선군은 화공전술을 써서 그 배를 공략하니, 결국 불에 타고 만 것이다.

> 평양에 정박한 이상한 배가 더욱더 미친 듯이 포와 총을 쏘아 우리 인민을 살해하니, 그를 제압하고 승리하는 방책으로서는 먼저 화기로서 공세하는 것뿐이라 일제히 불을 놓아 저 배를 태웠다.[43]
>
> 박규수(평안감사) ⋯ 알리지도 않고 해구에 숨어들어온 그 배가 너무도 노여워 저 하류를 막고 땔나무를 가득히 실은 배를 불을 질러 띄워 그 배에 닿도록 하여 불에 타게 하니, 불란서 배가 총포를 쏘며 항거하다가 견디지 못해 피하여 적벽루 아래 벌초에서 버티지 못할 때, 드디어 그 배 사람들을 잡아 죽이고 그 기선을 빼앗았다.[44]

불에 타고 있는 배에서 도망 나온 토마스는 해안에서 사로잡

---

43 일성록, 7월 27일 자.

44 박제형, 「조선 정감」(동경: 중앙당, 1886). p. 26. 민경배의 책에서 다시 인용(p. 66). 이 기록에 따르면, 조선 당국은 그 배가 천주교 박해로 인한 프랑스 신부들을 죽인 보복으로 평양에 온 프랑스 배인 줄 오인한 것 같다.

혀, 27세의 젊은 나이에 장렬하게 순교를 당했다.[45] 그러나 로써(Rosser)에 따르면, 그는 죽는 순간에도 담대히 복음을 전했고, 자기를 죽이려는 관원에게 성경을 주었다.[46]

이 관원은 토마스가 준 성경을 집으로 가져갔는데, 마침 그의 조카가 이를 읽고 신자가 되어, 후에는 평양에 있는 숭실전문학교를 졸업하고 성경 번역 사업에 참여했다.[47] 백낙준 박사는 평양 최초의 선교사 사무엘 마펫(Samuel Moffett)의 말을 빌려, 이 불행한 선교사 토마스로부터 중국어 신약성경을 받은 사람을 발견했다고 그의 책,《한국 개신교사》에 기록했다.[48]

---

45   그가 순교한 날이 고종실록에는 7월 27일이라고 기록되었으니, 양력으로는 9월 5일인 셈이다 (고종실록, 7월 27일 자).
46   Rosser, p. 27.
47   Ibid.
48   Paik. p. 45.

귀츨라프와 토마스의 간접적인 만남들

* ✠ *

　서론에서 이미 살펴본 것처럼, 로버트 토마스는 칼 귀츨라프에게 많은 영향을 받았다. 물론 두 사람 사이에는 거의 한 세대(약 37년)의 차이가 있기 때문에 직접적인 만남은 기대할 수 없다. 토마스가 태어나기(1840년) 훨씬 이전인 1826년에 귀츨라프는 선교사의 사명을 받고 인도네시아로 떠났고, 나중에 중국 선교사로 일하다가 1849년 선교 후원회 조직을 위해 영국, 독일, 그리고 유럽의 여러 나라들을 여행하다가 1851년에 중국에 귀임해, 바로 그해에 죽었다. 반면에 토마스가 중국 선교에 꿈을 갖고 뉴 칼리지에 입학한 것이 1857년이니, 두 사람 사이에 직접적인 만남이 있을 수 없었다. 단 한 가지 가능성이 있다면, 귀츨라프가 1849년 영국을 방문했을 때를 생각해 볼 수 있지만, 그때 토마스의 나이 9세요, 그 나이에 선교사의 사명을 받았다는 기록이 없다. 그러므로 직접적인 만남 대신 간접적인 만남의 근거를 찾아야 하는데, 그

가능성들이 몇 가지 있다.

첫째로, 토마스가 뉴 칼리지 재학 때에 유럽에서 베스트셀러였던 귀츨라프의 여행기를 읽고 선교에 대한 사명을 가졌을 수 있다. 이는 민경배 교수가 처음으로 제안한 것인데, 분명한 증거는 없지만, 나름대로의 가능성 있는 가정이다.[49] 즉 민경배 교수가 토마스에 대한 자료 수집을 위해 영국 런던에 갔을 때, 뉴 칼리지 도서관을 들러 귀츨라프의 여행기를 열람해 보니, 그 책이 뉴 칼리지의 전신인 호머톤 칼리지(Homerton College)에 비치된 날짜가 1836년이고 그 책의 내용 가운데 톈진, 조선 등의 부분에 상당한 언더라인 자국이 있었다고 했다.[50] 어떤 면에서는 지나친 논리의 비약 같지만, 슐리터의 말대로 귀츨라프의 여행기는 당시 영국, 미국, 독일, 화란, 그리고 스웨덴 등 서구에 선교사에 대한 관심을 크게 불러일으킨 책이요, 특히 당시 선교에 관심을 가지고 있었던 사람들에게 중국에서의 선교 사업 가능성 같은 새로운 아이디어를 제공했던 가장 영향력 있던 책이었기 때문에, 결코 그렇게 생각하는 것이 틀렸다고만 볼 수 없는 것이다.[51]

---

49 민경배, p. 50.
50 Ibid.
51 Schlyter, pp. 80~86.

아직도 토마스가 뉴 칼리지에 지망할 때, 최초로 중국 선교사가 되겠다고 결심한 동기에 대해서는 밝혀진 것이 없으나, 귀츨라프의 여행기를 읽고 도전을 받았다는 것이 그래도 가장 설득력 있는 제안일 것이다.52

둘째로, 중국에서 윌리암슨과의 만남이 귀츨라프와의 또 다른 간접적인 만남이 될 수 있다. 위에서 잠깐 언급한 것처럼, 윌리암슨은 원래 런던 선교회 소속 중국 선교사였으나, 건강의 악화로 귀국하여 6년 동안(1857-1863) 머물다가 1860년 결성된 스코틀랜드 국립 성서공회의 첫 주재 선교사로 1863년 치푸에 온 사람이었다. 그는 런던 선교회 소속 중국 선교사로 있던 때, 귀츨라프의 영향을 많이 받은 사람 가운데 하나였다. 특별히 그는 귀츨라프가 '중국인 협회'를 조성해, 성경과 종교 서적들을 다량으로 많은 사람들에게 배부하는 것을 효과적이라 생각해, 자신의 선교 사역에 그 방법을 채택했다.53 더욱이 그는 후에 결성한 중국인들을 위한 '기독교 및 일반 지식 반포 협회'(The Society for the Diffusion of Christian and General Knowledge)의 이름도 귀츨라프 중심으

---

52 토마스가 많은 선교지 중에서 하필이면 왜 중국을 택하였는가에 대한 답변 중, 현재까지 발견된 것 가운데 이보다 더 설득력 있는 제안도 없다.

53 라토렛은 그가 치푸에 새로 부임한 후, 전 중국을 다니며 성경 및 종교 서적들을 배부했다고 증언한다(Latoerette, 「A History of Christan Mission in China」, p. 381). 그리고 그는 "스코틀랜드 성서공회의 근본 방침이 성경을 무료로 수취인들에게 배부하는 것이었지만, 60년대에 이르러서는 만일 돈을 받으면, 중국인들이 성경을 더 귀중하게 여긴다는 결론에 다다랐다"(p. 438)고 했다.

로 결성한 '유용한 지식 반포협회'(The Society for the Diffusion of Useful Knowledge in China, 일반적으로 SDK로 알려짐)를 약간 수정해 사용했다.[54] 후에 윌리암슨은 치푸에서 토마스를 만나, 자신이 귀츨라프에게서 배운 선교 방법들을 그에게 전수함을 볼 수 있는데, 이에 대해서는 제3장에서 구체적으로 다룰 것이다.[55]

셋째로, 모리슨의 아들, 존 로버트 모리슨을 통해 간접적으로 귀츨라프의 영향을 받았다. 존 모리슨은 귀츨라프와 비슷한 또래 사람으로, 귀츨라프와 아주 막역한 사이였다. 그는 자신의 아버지 로버트 모리슨의 수제자였던 귀츨라프를 가장 잘 이해했고 그를 도와주려고 힘썼던 사람이었다. 그는 1843년 몸담고 있던 홍콩 정부 대 중국 담당 보좌관의 자리를 귀츨라프에게 물려주었고,[56] 귀츨라프와 함께 유용한 지식 반포 협회(SDK)를 결성, 문서 선교 사업에 종사했으며, 또한 귀츨라프가 중국인 잡지(The Chinese Magazine)를 발간하는 데 많은 공헌을 했다.[57] 그는 신앙의 동지

---

[54] F. W. Drake, "E. C. Bridgman's Portrayal of the West," Christianity in China: Early Protestant Missionary Writings. eds. S. W. Barnett and J. K. Fairbank(Cambridge: Harvard Univ. 1985). pp. 94~95. 이 협회의 중심인물은 브릿지만(E. C. Bridgman), 모리슨의 아들 존 모리슨(John Robert Morrison), 그리고 귀츨라프였다.

[55] 예를 들면, 귀츨라프처럼 토마스는 자신이 가는 곳마다 복음을 전하고 성경과 종교 책자들을 배포하는 일을 주임무로 생각했다.

[56] Lutz, p. 67. 존 모리슨은 평생 세속직에 있으면서 선교 사역을 담당했던 전형적인 자비량 선교사였다. 아마도 귀츨라프가 관직을 갖게 된 것도 존 모리슨의 권유와 영향에 의해서였던 것 같다.

[57] Drake. pp. 96~97.

귀츨라프가 죽은 후(1851), 주중 영사로 치푸에 있다가 젊은 선교사 토마스를 만났다. 그때는 토마스가 무어헤드와의 불화로 런던 선교회를 떠나고 모든 사람들(심지어는 동료 선교사들)에게 비판과 외면을 당할 때였다. 단지 젊고 성격이 급한 토마스를 이해해 주는 사람은 토마스가 잠깐 가서 일했던 세관장 하트 경. 윌리암슨, 그리고 존 모리슨 이렇게 세 사람뿐이었다. 세 사람은 한결같이 토마스를 변호하는 편지를 런던 선교회에 보냈다. 그 가운데서도 존 모리슨은 토마스가 세관의 통역관으로 취직해서 아주 선교 사역을 떠났다는 동료 선교사들의 비난을 의식한 듯, 토마스가 세속직에서도 선교사의 기능 수행을 잘 감당할 것이라는 요지의 편지를 보냈다.[58] 그는 좀 성급하고 어딘가 경솔한 데가 있으나, 선교사적 자질이 풍부하고 특히 어학에 뛰어난 재능이 있으며, 일을 추진하는 데 조금도 두려워하지 않는 토마스를 보고 틀림없이 신앙의 동지요, 오랜 친구였던 귀츨라프를 본 것 같았을 것이다. 더군다나 그때의 토마스는 존 모리슨 자신과 같이 세속직에서 선교 사역을 하고 있을 때요, 이는 귀츨라프 선교 사역 후기의 경우도 마찬가지였다. 앞으로 제3장에서 살펴보겠거니와 그만큼 귀츨라프와 토마스는 여러 면에서 비슷한 점들이 많았다.

마지막으로, 중국어 성경을 통한 두 사람의 간접적인 만남이

---

58 민경배. p. 57. 그리고 민병호. p. 84.

있었다. 모리슨은 1813년 중국 역사상 최초로 성경을 중국어로 번역했고, 1839년 귀츨라프와 브릿지만 등이 이를 개역했으며, 1856년 상해에서 메드허스트를 중심으로 선교사들과 중국인 학자들이 2차 개역을 했는데, 그것이 유명한 웬리역(Wenli Version)이다.[59] 토마스가 윌리암슨으로부터 전달받아 1865년 1차 조선 방문 때, 황해도와 평안도 연안에 배포한 성경들이 바로 이 웬리역이었고 1년 후(1866년) 그가 대동강 변에서 순교 당하면서까지 전했던 성경도 웬리역이었다.[60] 이처럼 귀츨라프의 선교 정신이 그가 개역한 성경을 통해, 토마스에 의해, 그가 30여 년 전에 방문했던 조선 땅에 심어졌던 것이다. 귀츨라프가 조선 땅을 떠나면서 한 기도가 결코 땅에 떨어지지 아니하고 응답되었던 것이다.

> 이 작고 보잘것없는 (전도의) 시작일지라도, 하나님께서 축복하실 수 있다는 사실을 성경은 우리에게 믿도록 가르치고 있다. 더 좋은 날이 이 땅(조선) 위에 곧 다가오기를 소망하자.[61]

---

59 이진호. p. 138.
60 Ibid., p. 158. 또한 이진호 교수는 만주에서 존 로스(John Ross)와 서상윤이 최초로 번역한 한국어 성경의 대부분이 바로 이 웬리역이었음을 밝히고 있고 그 성경을 읽은 사람이 개종하여 선교사 없이 자생한 신자가 되었다고 말한다(pp. 139, 158).
61 Gützlaff, p. 355.

제3장

귀츨라프와 토마스 선교 방법론 비교

앞에서 여러 번 말한 것처럼, 귀츨라프는 토마스에게 많은 영향을 끼쳤다. 제2장에서는 귀츨라프와 토마스의 생애를 통한 간접적인 만남들에 대해서 살펴보았고, 이 만남들이 토마스에게 어떻게 영향을 주었는지에 대해 살펴보았다. 그러나 이러한 간접적인 만남을 통해 귀츨라프의 선교 방법론이 토마스의 선교 방법론 속에 어떻게 투영되고 있는지, 두 사람의 선교 방법론을 서로 비교하여 살펴본다는 것은 퍽 흥미 있는 일이다.

개인 선교 혹은 독립 선교
Individual Mission or Independent Mission

* ✠ *

귀츨라프 연구의 대가인 슐리터는 독일의 선교사 학자인 후리크(H. Frick)가 그의 책 《개신교 선교》(Evangelische Mission)에서 선교를 두 유형, 곧 교회 선교(die Kirchenmission)와 개인 선교(die Einmannsmission) 혹은 독립 선교(die Freimission)로 나누고, 허드슨 테일러(Hudson Taylor)가 후자의 선교 방법에 있어서 최초의 대표자였다는 주장을 반박하면서, 귀츨라프가 이보다 더 앞선 개인 선교의 대표자라고 말했다.62

귀츨라프 선교의 특징인 '개인 선교'를 논하기 전에, 그것이 방

---

62 Schlyter, pp. 1~7. 이진호 교수는 슐리터를 "귀츨라프의 전기 작가"(P. 117)라고 했으나 그는 단순한 전기 작가가 아니라, 귀츨라프 연구로 박사학위를 받은 학자이다. 그리고 위에서 소개한 「중국 선교사로서 칼 귀츨라프(Karl Gützlaff Als Missionar in China)」라는 책은 그의 박사학위 논문이다. 그의 책에서 귀츨라프를 가리켜 사용한 단어 'Einmannsmission', 'Freimission'은 문자적으로는 '일인 선교', '자유 선교'로 번역할수 있으나, 필자의 의견에는 '개인 선교', '독립 선교'가 더 정확한 번역 같아 앞으로 이 단어들을 사용할 것이다.

법을 자신의 전형적인 선교 방법으로 택하게 된 동기를 살펴보는 것이 올바른 순서일 것이다. 제시 루쯔는 귀츨라프가 4세, 곧 어머니를 여의었을 때부터 모든 것을 스스로 처리하려는 강한 기질이 형성되었다고 보았다.[63] 그는 어머니가 죽고 난 뒤에 곧 계모를 맞았는데, 계모와는 의사소통이 전혀 되지 않았고, 이 때문에 자신의 세계를 형성하는 경향을 보인 것이다.[64] 그는 어려서부터 주위 환경을 통해 자신을 의지하는 법을 배워야 했고, 이런 환경이 상대적으로 일평생 동안 어디엔가 조금도 귀속되는 것을 좀처럼 허락하지 않았던 것이다. 사실 아시아 선교 첫 2년을 제외하고는, 귀츨라프는 전혀 어떤 선교회에도 소속됨이 없이 '독립 선교사'로 일했고 그의 동료 선교사들조차도 귀츨라프와 함께 일하는 것이 결코 쉬운 일이 아니라고 불평하게 되었고, 결국에는 선교사가 꼭 가져야 할 덕목인 겸손이 그에게 결핍되어 있다는 비판을 받기에 이른 것이다.[65]

---

63 Lutz, p. 63.
64 Ibid.
65 Ibid.; 이진호 교수는 귀츨라프가 후에 런던 선교회 선교사가 되었다고 했는데(p. 91) 이는 전혀 근거가 없는 이야기이다.

슐리터는 귀츨라프가 예니케 선교 학교에 다닐 때, 잠시 베를린대학에 청강하여 독일 낭만주의(German Romanticism)[66]의 영향을 크게 받았는데 이것이 그의 '개인 선교' 방법론에 크나큰 영향을 주었다고 했다.[67] 당시 베를린대학은 독일 낭만주의의 아성이었고, 그곳 교수들과 귀츨라프와의 만남은 "영웅적인 개인이 세계를 정복할 수 있다"는 신념을 그에게 길러주었던 것이다.[68] 그래서 그는 종종 자신이 세계 인구의 삼 분의 일인 4억 명의 중국을 복음화시킬 수 있다고 동료들에게 말하곤 했다. 즉 개인과 영웅을 극구 칭송하는 낭만주의의 영향을 받아 자신을 세계 인구 삼 분의 일의 나라, 중국을 복음화시킬 수 있는 그 시대의 영웅으로 본 것이다. 그리고 상상력, 모험, 방대함을 이상으로 추구하는 낭만주의는 귀츨라프에게 후에 모든 면에 낙천적이고 모험적이며 스케일이 큰 일꾼으로 만드는 데 큰 영향을 주었다.[69] 이런 배경에 더하여 기다리고 참지 못하는 그의 급한 성격이 특징적인 '개인 선교'에서 한 부분을 감당했다. 제2장에서 이미 살펴본 것처럼, 그가 처음 인도네시아에 가서 '울트라간지스' 선교 활동을 하다가 화란

---

66 독일 낭만주의에 대해서 지원용 박사는 이렇게 설명한다 : "낭만주의란 18세기 후반부와 19세기 전반부의 문학, 예술, 종교, 그리고 신학 등의 분야에 있었던 하나의 운동(Movement)이다. 이는 고전주의, 인본주의, 그리고 계몽주의 등의 배경에 반해서 일어났다. 또한 낭만주의는 주관성, 신비, 상상과 공상, 호소, 자연 세계의 미에 대한 강조, 각자의 개성에 대한 자유의 추구, 범신론의 이상화 혹은 내적 세계와 외적 세계 사이의 관계에 대한 설명으로서 이의 상대 등으로 유형화된다"(p. 70).

67 Schlyter, p. 19f. also see Lutz, p. 64.

68 Lutz, Ibid.

선교회와 작별하고 '독립 선교사'가 된 것도, 중국 선교에 대해 문이 열릴 때까지 기다리자는 선교회의 제안을 더 이상 참고 기다릴 수 없어 일어난 문제인 것이다.

한편 토마스도 '개인 선교' 혹은 '독립 선교' 지향적이었다. 토마스의 출발도 귀츨라프처럼, 선교회(LMS)에 소속되어 그의 선교사로서의 경력을 쌓아갔다. 귀츨라프처럼 누구에게 속해 속박당하는 것을 싫어한 자유분방한 선교사였던 그는 무어헤드 밑에 있으면서도 그의 지시를 따르지 아니하고 자신의 소견에 옳은 대로 행동했고, 이것이 결국 무어헤드와의 불화, 그리고 결국 런던 선교회를 떠나야 하는 입장에까지 이르게 되었다. 민경배 교수가 지적한 것처럼, 런던 선교회와 토마스와의 선교 방법론에 큰 차이가 있었다.[70] 무어헤드를 위시한 런던 선교회는 조직과 기구 범위 안에서의 선교를 요구했고 토마스는 선교란 원주민들과의 지속적

---

69 Schlyter, Ibid. 예를 들면, 1838년에 그가 발간한 「열린 중국(China Opened)」이라는 책에서 그는 동료 선교사들이 대부분 회의를 가졌음에도 불구하고, 중국은 수백 수천의 전도자들을 받을 준비가 되어있다고 그의 낙천적인 소견을 피력했고 1831년부터 1833년까지 세 차례에 이르는 중국 연안의 선교 여행만 해도 다른 선교사들이 그 당시의 상황으로 보아 감히 생각도 할 수 없었고, 또 흉내도 낼 수 없었던 일이었다. 그리고 1842년부터는 중국 대륙의 모든 구획마다 설교자나 적어도 권서들을 파송하려는 계획 속에 '중국인 협회(The Chinese Union)'를 결성하여, 한때는 중국 전체 18개 성(Province) 중 12개 성에 약 1,000명의 권서와 100명의 설교자들을 파송하기까지 이르렀다. 그리고 후에는 이 계획이 중국인 일꾼들의 부정직과 부정으로 차질이 생기자, 백인 선교사들로 이들을 감독하려는 목적으로 유럽으로 가서 이를 호소하기에 이르렀던 것이다(cf. Schlyter, 「Der China-Missionar Karl Gützlaff und Seine Heimatbasis」, chs. II -V).

70 민경배, p. 70.

인 접촉, 원주민과 같은 수준의 언어 구사 능력을 요구한다고 보았기 때문에, 그는 할 수만 있으면 기구와 조직을 벗어나서 선교하려고 했던 것이다.[71] 이러한 '개인 선교' 지향적인 성향은 그가 귀츨라프로부터 영향을 받은 윌리암슨을 만나고 나서 더 강해졌다.[72] 물론 윌리암슨의 제안에 의해 조선으로부터 박해 때문에 피난을 온 김자평과 또 한 사람의 신자를 만나, 스코틀랜드 성서공회의 권서 자격으로 첫 조선 선교 여행을 떠났지만, 독립 선교를 지향하는 사람답게 무보수로 일하겠다고 요청했다는 점을 주목해야 한다. 그리고 그가 1차 조선 선교 여행을 마치고 북경으로 돌아왔을 때, 윌리암슨, 존 모리슨, 하트 경 등이 런던 선교회 본부에 토마스를 옹호하는 내용의 편지를 보낸 것이 효과가 있어 런던 선교회는 그에게 복직을 허락했다. 그러나 토마스는 이미 독립 선교의 묘미를 체득한 뒤였기 때문에, 당시 런던 선교부 북경 주재원 에드킨스 박사의 허락도 없이 다시 조선행에 나섰던 것이다.[73] 아무에게도 재가를 받을 필요 없이 자신이 하나님의 뜻이라고 생각

---

71 Ibid.

72 토마스의 선교 경력이 너무 짧고, 그가 남겨놓은 기록들과 자료들이 너무 없어서, 그가 윌리암슨으로부터 귀츨라프의 '개인 선교' 방식에 대해 듣고 배웠는가에 대해서는 아무도 모른다. 그러나 그의 선교사로서의 삶 전체에 비해, 윌리암슨과의 교제의 시간이 상대적으로 긴 시간이었기 때문에, 그 가능성은 비교적 짙다. 더군다나 윌리암슨 자신도 1866년 스코틀랜드 성서공회를 떠나 독자적으로 선교 활동을 했던 것을 보면, 그는 물론이요, 그를 통해 토마스도 '개인 선교'의 신봉자가 되었다는 사실을 입증해 준다 (Latourett, p. 438).

73 토마스를 비교적 잘 이해해 주었던 에드킨스 박사도, 그가 런던 선교회의 허락 없이 떠난 것에 대해 크게 비판했으며, 런던 선교회는 그를 다시 선교사로 복직시킨 것에 대해 후회한다고 비판했다(민경배, p. 68).

되면, 언제든지 어디든지 떠날 수 있는 편리함과 자유스러움을 그는 자신의 선교 방법으로 선택했던 것이다.[74]

그러나 '개인 선교' 혹은 '독립 선교'를 지향했던, 귀츨라프와 토마스에게 문제들이 전혀 없었던 것은 아니다. 아무에게도 귀속되지 않고 자유롭게 복음을 전할 수 있는 장점은 있었지만, 제일 큰 문제는 재정이었다.[75] 그들이 선교회와 작별했을 때, 당장 자신들의 생계유지부터 현실적으로 다가온 큰 문제였다. 그래서 귀츨라프와 토마스는 결국 이 문제를 해결하기 위해, 한 사람은 관직에, 다른 사람은 세관의 통역 연수관으로 세속 직업에 종사할 수밖에 없었다. 다행히도, 두 사람 다 세속직에 있었음에도 전임(Full-time) 선교사들 못지않게 질적인 면에서나 양적인 면에서 충실히 선교 활동을 계속할 수 있었지만, 이 문제는 '개인 선교'가 안고 있는 가장 큰 약점이 아닐 수 없었다.

한 예를 들면, 귀츨라프가 중국 연안의 제3차 선교 여행을 떠날 때, 자신이 탔던 배가 아편 밀수선인 줄 뻔히 알면서도 복음을 전해야 한다는 목적과 사명감 때문에 결국 타협할 수밖에 없었고,

---

74   1차 조선 선교 여행을 떠나기 전, 그가 런던 선교회에 보낸 서신의 내용을 보면, 이때까지만 해도 그에게 런던 선교회에 복직하고자 하는 간절한 소망이 있었다(1865년 1월 30일 자 서신).

75   후에 귀츨라프의 영향을 받아 그의 '개인 선교' 방법을 자신의 '중국 내지 선교'에 적용했던 허드슨 테일러는 이 문제를 해결하기 위해서, 그 유명한 '믿음 선교(Glaubensmission)' 방법을 개발해 성공했다.

이는 귀츨라프가 가장 경솔하게 취한 행위 중 하나였으며, 이로 인해 많은 비판을 계속 감수해야만 했다.

이 경우는 토마스도 마찬가지였다. 그도 제2차 조선 여행 때 탔던 제너럴 셔먼호가 순수한 상업과 무역을 위한 배가 아님을 알았지만, 은둔의 나라 조선에 복음을 전한다는 순수한 목적과 사명감 때문에, 그런 지엽적인 문제를 심사숙고하지 않았던 것이다.[76] 한마디로 말하자면, 그들은 '개인 선교사'가 갖는 가장 큰 약점이요 제한이었던 재정 문제 때문에, 잘못된 것임을 알면서도 타협하지 않으면 안 되는 상황에 스스로 빠지고 말았던 것이다. 목적이 수단을 정당화할 수 없다는 극히 상식적인 사실도, 재정적인 문제 때문에 저버려야 했던 그 당시 그들의 상황에 대해 일말의 동정은 가지만, 이는 그들이 필연적으로 해결했어야 할 문제였다.

---

76 런던 선교회는 토마스가 제너럴 셔먼호를 타고 조선으로 간다고 했을 때, 그가 무장선을 타고 스스로 위험에 말려들고, 독특한 사명감 때문에 와있는 선교사의 위치를 완전히 무시하는 것이기 때문에 반대한다고 분명히 밝혔다. 그리고 처음에는 토마스의 조선행을 좋게 보았던 에드킨스조차도 외국의 정치적 문제에 스스로 휘말리는 경솔한 처사라고 비판했다(민경배, p. 68).

이동 선교
Mobile Mission

 귀츨라프 선교 방법의 또 다른 특징은 한곳에 머물러 지속적으로 복음을 전하는 것이 아니라, 폭넓게 여러 지역을 다니며 복음을 전하는 이동 선교에 있었다. 귀츨라프의 선교에 있어서 가장 큰 목적은 가능한 한 많은 사람들에게 전하는 것이었고, 이 목적을 위해 그 당시로서는 혁신적인 방법인 이동 선교라는 테크닉을 쓸 수밖에 없었다.[77] 가령 그의 중국인 보조자들도 다른 선교회의 전도자들처럼, 선교 여행 때 요구되었던 행동반경의 제한을 전혀 받지 않았고 대부분의 선교회들이 고안하여 사용한 지침들도 그들은 갖고 있지 않았다. 그들은 단지 자신들의 책임 아래서 자유스럽게 중국의 모든 구역을 다니며 복음을 전했다. 그래서 귀츨라

---

[77] Lutz, p. 67, 한편 슐리터는 이런 귀츨라프의 이동 선교 방법이 그가 예니케 선교 학교에서 공부할 때, 심취했던 모라비안(moravian)사상의 영향이었다고 말했다. 특히 귀츨라프에게 있어서 진젠돌프(Zinzendorff)는 그의 선교 원형(Prototype)이었다. 그는 진젠돌프가 그의 사역자들을 디아스포라(diaspora)에 파송하여 복음을 전했던 것처럼, 그도 자신의 보조자들을 같은 방법으로 파송했던 것이다(Schlyter, 「Karl Gützlaff als Missionar in China」, pp. 164~170).

프 밑에 약 100명의 중국인 순회 전도자들과 약 1,000명의 권서들이 성경과 종교 서적들을 배부하면서 모든 지역에 복음을 전할 수 있었던 것이다. 귀츨라프 당시 중국이라는 선교지는 거의 개척 단계에 있었기 때문에 그의 우선되는 목적은 할 수 있는 대로 넓게 구원의 메시지를 전하는 것이었다. 그러다 보니 자연적으로 교회의 조직이라든가, 교회 행정 같은 분야에는 소홀할 수밖에 없었다.[78]

그러나 이는 후에 슐리터가 바로 평가한 것처럼, 귀츨라프의 '개인 선교' 방법과 함께 '이동 선교' 방법의 큰 맹점이기도 했다. 왜냐하면 전에도 언급했거니와, 재정적인 문제 때문에 귀츨라프는 자신의 세속직을 지키고 있어야 했고, 그 때문에 그의 보조자들을 통해 계속적으로 성장하는 선교 사역을 올바로 감독할 수 없었고, 꼭 필요한 것들을 뒷받침해 줄 수 없었던 것이다.[79] 무엇보다도 그는 홍콩에 묶여있어서, 중국인 전도자들의 전도 여행들을 제대로 감시, 감독할 수 없었다. 아마도 그의 보조자들 가운데 많은 사람들이 부정을 저질렀고 부정직하게 일했던 것도, 어떤 면에서 보면 그의 감독 불충실 때문이었다고 해도 과언은 아니다. 그런 면에서 볼 때, 그의 후계자라 할 수 있는 허드슨 테일러는, 귀츨라프의 '개인 선교' 방법, '이동 선교' 방법에, 자신의 '믿음 선교' 방

---

78   이것도 진젠돌프의 영향을 받았다. 그래서 진젠돌프처럼 그도 주목적이 교회와 회중을 세우는 것이 아니라, 단순히 복음을 전하는 것이었다(Ibid).

79   Ibid.

법을 보완하여 '중국 내지 선교'를 성공적으로 이끌었던 것은 역사의 교훈을 통한 올바른 결단이었다고 본다.[80]

귀츨라프에 비해 토마스는 그 활동의 선이 짧다. 그는 1863년에 선교사로 중국에 왔고, 1866년에 대동강 변에서 순교 당했으니, 그의 선교 활동의 총기간이라야 3년밖에 되지 않는다. 그래서 그의 선교 방법을 논할 때, 어떤 분명한 선을 긋기가 퍽 어렵지만 그래도 비교적 그의 사역 방법론은 귀츨라프처럼 '이동 선교'의 방법에 가까웠다. 토마스는 상해에서 무어헤드 밑에서 선교하고 있을 때, 무어헤드가 맡겨준 일, 곧 선교부가 관할하는 교회의 일만으로는 만족할 수 없었다. 그는 자신에게 중국어를 가르쳤던 선생이 다니는 지방 교회에 더 분주하게 다녔으며, 심지어는 상해에 살고 있는 러시아 사람들에게까지 가서 복음을 전했다.[81] 토마스 편에서는 런던 선교회와 무어헤드의 고리타분한 선교 개념에 식상해 있었고 무어헤드는 이 젊은 선교사 토마스의 모든 행동을 선교 사업보다는 자신의 기호에 따른 것으로 평가하고 있었다.[82] 그래서 토마스는 더 이상 무어헤드와 함께 일할 수 없다고 생각해,

---

80   허드슨 테일러는 귀츨라프와는 달리, 어떤 종류의 세속직에도 종사하지 않고 자신의 생계와 사역을 믿음으로 하나님께 맡기고, 오직 전임(full-time)으로 복음만 전하는 '믿음 선교'의 방법을 택했다.

81   민경배. p. 53.

82   Ibid.

보다 자유스럽고 보다 행동의 반경이 넓은 곳에서 일하기를 원했고, 전임을 런던 선교회에 신청하기에 이른 것이다. 그리고 이 신청이 받아들여지지 않자, 그는 런던 선교회를 떠나는 길을 택한 것이다.

재미있는 것은 그가 처음에 가기를 원했던 곳은 무창이었고, 후에 그가 다시 런던 선교회에 복직하기를 원하면서 가기를 희망했던 곳은 몽고였다.[83] 이 두 곳이 다 선교지로서 개척지였고, 이는 다시 말해서 그의 개척 정신과 함께 독립 정신, 그리고 한곳에 머물러 있기를 싫어하는 자유분방한 정신을 엿볼 수 있는 것이다. 게다가 그가 윌리암슨을 만나, 선교지로서 조선을 권유받고, 아울러 조선에서 온 천주교 신자들을 소개받았을 때, 그는 자신의 이상을 펼칠 최적의 기회를 만났다고 생각했다. 그래서 그들과 함께 배를 타고 조선 황해도, 평안도 연안을 최초로 방문하게 되었던 것이다.[84] 그리고 1년 후에 비운의 제너럴 셔먼호를 타고 다시 조선 땅을 방문하였다가 순교했던 것이다. 그는 3년이라는 짧은 선교사 생활을 통해 "사람 있는 곳에 곧 선교가 있다"[85]는 넓은 선교의 이념을 펼쳤던 대표적인 선교사였다.

83　Ibid.
84　Rosser, p. 25. 그는 4개월 동안 조선에 있으면서 주로 가지고 간 중국어 성경과 종교서적들을 배포했다.
85　민경배, p. 70.

언어 매개체의 효과적인 사용

✶ ❧ ✶

　귀츨라프와 토마스 두 사람 다 복음과 언어 매개체는 결코 뗄 수 없는 관계임을 일찍 깨달은 사람들이었다. 그 가운데에서도 귀츨라프는 복음 전파를 위해 언어 매개체를 가장 효과적으로 사용했던 사람이었다. 그는 누구보다도 복음은 원주민의 언어로 평이하게, 그리고 이해할 수 있게 전파되어야 효과가 있다는 사실을 일찍 깨닫고 실천한 사람이었다.[86] 그는 선교 사역 초기부터 중국어를 배워서 말하고 쓰는 데 조금도 불편함이 없었던 어학의 귀재였다. 그와 함께 로드 암허스트호에 동승했던 린지 상무관은 그의 여행기에서 귀츨라프의 중국어 구사가 얼마나 유창했는지 증언해 준다.

86　　Lutz. p. 68.

> 여러 번 있었던 일인데, 귀츨라프는 수백 명의 열광적인 청중들에게 둘러싸여 연설을 했는데, 힘차고 진실한 웅변을 듣고 환호하는 소리에 연설이 중단되기도 했다.[87]

조지 스미스(George Smith)라는 선교사도 그의 중국어 구사에 대해 이렇게 말했다.

> 귀츨라프 씨는 복음의 진리에 관하여 그들의 말로 큰 열정과 함께, 간간이 자신의 억양, 몸짓, 방식을 바꾸어 가며 그 앞에 모여 있는 사람들에게 연설을 하고 있었다. 그들은 확연하게 기쁨으로 경청했으며, 때로는 반응을 보이며 발언하기도 했다.[88]

그래서 귀츨라프는 종종 복음을 전파하기 위하여 기쁘게 순교까지 할 수 있는 헌신된 전도자들을 중국은 부르고 있다고 말하면서, 이런 개척자들은 어학 능력을 가져야 하고 가능하면 빠른 시일 안에 구어와 문어체의 중국어를 구사할 수 있어야 한다고 주장했다.[89] 중국 백성들은 그런 전도자들을 환영할 것이며, 그들이 전

87　Lindsay, p. 31.
88　Lutz. p. 69.
89　Ibid. p. 68.

하는 복음을 들을 것이라고 충고했다.[90] 더군다나 선교사는 자신이 몸담고 일하는 곳의 백성이 되어야 복음이 원활히 전파될 수 있다고 믿어, 옷도 중국 사람들처럼 입고, 그 이름도 '곽실럽'(중국 말로는 꺼시레)으로 개명했으며 일생을 중국인으로 살았다.

귀츨라프는 할 수 있으면, 모든 백성들이 자기 언어로 된 성경을 가져야 한다고 생각해 바쁜 선교 활동 속에서도 시간을 내어 성경을 번역하는 일에 종사했다. 그는 시암에서 선교할 때, 아주 짧은 기간이었지만, 마태복음을 번역했는데, 이것이 시암 최초의 성경 번역이었다.[91] 그리고 그는 그 후 모리슨의 최초의 중국어 성경을 메드허스트와 함께 개역하는 데 공헌을 했고, 1837년에는 최초의 일본어 성경인 요한복음을 번역했다. 우리나라 연안을 찾았을 때에도 주기도문을 번역했는데, 이는 한국 최초의 성경 번역 시도라 할 수 있다.

그러나 귀츨라프의 선교 활동에서 가장 괄목할 만한 방법은 '문서 선교'였다. 먼저 여행기를 써서 중국과 연안의 나라들에 대해 구미 각국에 알렸고, 여러 저술 활동을 통해 선교에 동참할 것

---

90 Ibid.
91 남을 좀처럼 비평하지 않는 메드허스트가 이 번역을 불완전한 것이라고 한 것을 보면, 번역이 조잡했던 것 같다. 그러나 어떻게 해서든지 자기 말로 성경을 읽게 하려는 그의 중심만큼은 높이 평가해야 한다고 필자는 생각한다(이진호, pp. 31~32 참조).

을 호소했다. 그의 여행기 하나만 해도, 당시의 유럽 교회들에게 얼마나 큰 충격을 주었는가는 이미 슐리터의 말을 빌려 밝힌 바 있다. 그는 당시 어떤 선교사보다 문서 매체를 효과적으로 사용했고, 문서 매체의 힘이 얼마나 큰가를 잘 알았던 사람이었다.

그래서 그는 자신의 선교의 두 가지 주된 방법론을 첫째는 이동 설교요, 둘째는 문서 배포로 채택했던 것이다.[92] 두 번째 방법을 구체화하기 위해, 그는 문서 출판에 역점을 두었고, 출판된 문서들을 권서라는 제도를 통해 전 중국에 배포하고자 했다. 그는 중국인들 스스로 선교 문서들을 발간하고 배포해야 한다고 믿었다. 그래서 때가 되면, 중국 모든 구역에서 중국인들이 스스로 문서들을 발간하고 배포할 수 있으리라고 소망했던 것이다.[93] 귀츨라프는 이 방법을 통해서 자신의 세대 안에 중국을 포함한 동아시아 지역을 복음화시킬 수 있다고 굳게 믿고 있었다.[94]

토마스는 귀츨라프처럼 성경을 번역하거나, 저술 활동을 한 기록이 없다. 그러나 그도 귀츨라프처럼 언어 매개체의 중요성에 대해 선구자적인 견해를 가진 사람이었다. 그가 중국 선교사를 지망

---

92 Schlyter, 「Karl Gützlaff als Missionar in China」, p. 299.
93 Ibid.
94 Ibid.

했을 때, 런던 선교회와 가진 인터뷰기록을 보면, 자신이 선교사를 지망하게 된 동기를,

> 곧 훌륭한 교육을 받고 강직한 성품을 구비하였으며, 외국어를 쉽게 습득할 수 있는 능력의 소유자가 선교 사업에 요구되고 있다고 확신했다.[95]

고 대답했다. 또 그는 상해에서 무어헤드와의 불화 때, 그에게 어느 선교사든지 선교지에 오면 최소한 2년 동안은 그들의 언어를 익혀야 한다고 했다.[96] 그리고 자신은 중국어를 익히는 데 몰두했고 후에 조선에 1차 다녀와서도 다음 선교를 위해 가능한 대로 한국말을 익히고 많은 단어들을 수집했다.[97] 그래서 그가 채 1년도 안 돼 조선을 다시 찾으려고 할 때, 그는 프랑스 함대의 통역으로 함께 오는 것을 요청받을 만큼 어학 재능과 노력 또한 비범했던 것이다.[98] 또한 윌리암슨으로부터 전해 받은 중국어 전도 책자들을 1차 조선 선교 여행 때 조선인들에게 배포했는데, 그가 뿌린 성

---

95 민경배, p. 51.
96 Ibid.
97 Ibid., p. 62. 민경배 교수는 토마스가 한글에 대해 큰 관심을 가지고 있었고 이는 그가 1차 선교 여행 때, 한문은 주로 지식층이나 관리들이, 한글은 주로 서민층 아낙네에게까지 넓게 쓰여지고 있음을 알았고, 또 천주교에서 한글로 번역한 교리서를 한 권 얻어가지고 와, "장차 크게 쓰려 한다"고 말한 것을 미루어 보아, 그가 성경 번역까지 생각하고 있었다고 추론했다.
98 Ibid. p. 63.

경이 평양까지 들어갔다는 놀라운 소식을 북경에 온 조선 동지사 일행을 통해 듣고 힘과 용기를 얻었다.[99] 그래서 다음번 선교 여행 때에도 성경과 전도 책자들을 많이 싣고 갔던 것이다. 토마스의 조선 선교의 주된 방법론은 바로 문서를 통한 전도였고 그때 상황으로 미루어 볼 때, 무엇보다도 이 방법에 크게 의존할 수밖에 없었던 것이다.

이와 같이 우리는 한국과 관련된 두 사람의 선교 방법론을 비교하여 살펴보았다. 귀츨라프와 토마스의 선교 방법론은 그 사상과 형태에 있어서 일치하는 것을 보았다. 적어도 두 사람의 경우, 그들이 선교사로서 모든 생애를 걸고 채택하여 사용했던 주된 선교 방법론 세 가지가 대동소이하다는 것을 결코 우연으로 보아서는 안 된다. 필자가 제1장 들어가는 글에서 주장한 전제, 곧 토마스는 귀츨라프로부터 크나큰 영향을 받았기 때문에, 선교 방법론까지도 일치하는 것이다. 그것은 존 모리슨, 알렉산더 윌리암슨 같은 토마스를 아꼈던 사람들을 통해 그에게 전이된 것이다.

99　Ibid. p. 61.

맺는 글

　귀츨라프는 한국 개신교 최초의 선교사요, 토마스는 한국 개신교 최초의 순교자이다. 그럼에도 한국 교회는 그들을 제쳐놓고 알렌, 아펜젤러, 언더우드 등을 개신교의 효시로 보고 한국 개신교 역사를 100년으로 줄이는 잘못을 범했다. 이는 앞에서 살펴본 것처럼, 장로교와 감리교의 교단 이익이 진리와 사실보다 우선했기 때문이라고 생각한다. 뿐만 아니라 귀츨라프, 토마스 두 사람에 대한 역사적 평가가 소홀했고 기왕에 나온 평가들도 잘못된 자료들에 기초했기 때문이다. 다행스럽게도 토마스에 대해서는 민경배 교수가 그의 책 《교회와 민족》을 통해 다시 평가했고, 귀츨라프도 지원용 박사가 다시 평가하였다. 또 최근에 이진호 교수는 우리말로 된 귀츨라프 전기(잘못된 기록들이 여러 곳 눈에 띄기는 하지만)를 《동양을 섬긴 귀츨라프》라는 제목으로 발간하였다. 그러나 필자는 이제라도 교단의 이해를 떠나서 한국 개신교의 역사가 당연히 귀츨라프 선교사가 우리 땅에 발을 밟았던 때(1832년)부터 시작되어야 한다는 명제를 입증하기 위해 이 글을 썼다.

만일 토마스가 귀츨라프로부터 직접, 간접으로 큰 영향을 받았다면, 이는 귀츨라프에 대한 역사의 평가가 달라져야 한다는 당연한 전제를 수반한다. 그래서 필자는 두 사람의 생애를 적합하고 권위 있는 자료들을 통해 살펴보았고, 그 안에서 토마스가 귀츨라프의 여행기를 통해, 귀츨라프의 스승이었던 모리슨의 아들 존 모리슨을 통해, 그리고 귀츨라프에게가 장 큰 영향을 받은 사람 중의 하나인 윌리암슨을 통해 영향을 받았다는 것을 강조했다. 이 영향은 두 사람의 선교 방법론 즉 '개인 선교', '이동 선교', 그리고 '언어 매개체를 통한 효과적인 선교' 등의 방법론이 일치한다는 사실을 통해 더욱 분명해진다. 토마스의 사역 하나하나에 이르기까지 귀츨라프의 흔적을 볼 수 있는 것이다. 귀츨라프는 '중국 선교의 아버지'일 뿐만 아니라, '한국 선교의 선구자'였음을 우리 한국 교회는 잊어서는 안 될 것이다.

참고문헌(BIBLIOGRATHY)

- Barnett, Suzanne W. "Practical Evangelism: Protestant Missions and the Introduction of Western Civilization into China 1800-1850." Ph. D. diss. Harvard University, 1973.
- Clark, Allen. 「A History of the Church in Korea」 Seoul: The Christian Literature Society of Korea, 1971.
- Drake, F. W. "E. C Bridgman's Portrayal of the West" Christianity in China: Early Protestant Missionary Writings. Eds. S. W. Barnett and J. K. Fairbanks, Cambridge: Harvard University. 1985.
- Griffis, William E. 「Corea, the Hermit Nation」, New York: Charles Scribners, 1889.
- Gützlaff, Karl F. A. 「Journal of Three Voyages along the Coast of China, in 1831, 1832 and 1833, with Notices of Siam, Korea, and the Loo-Choo Islands」, London: Fredrick Westley & Davis, 1834.
- Ji Won Yong. 「A History of Lutheranism in Korea」, St. Louis: Concordia Seminary, 1988.
- Latourette, K. S. 「A History of Christian Mission in China」, New York: The MacMillan Co., 1929.
- _____, 「A History of the Expansion of Christianity」. vol. 6. Grand Rapids: Zondervan Publishing House, 1970.
- Lindsay, H. H. Report of proceedings on a Voyage to the Northern Ports of China, in the Ship LORD AMHERST. London : B. Fellows, Ludgate, Street. 1833.
- Lutz, Jessie G. "Karl F. A. Gützlaff: Missionary Enterpreneur", Christianity in China: Early Protestant Missionary Writings. eds. S. W. Barnett & J. K. Fairbank. Cambridge: Harvard University, 1985.

- Paik, L. George, 「The History of Protestant Mission in Korea 1832~1910」, Pyung Yang: Union Christian College Press. 1929.
- Rosser, E, M, "Korea's Frist Christian Martyr," 「The Congregational History Circle Magazine」, Vol. 1, No. 9. London, 1982.
- Schlyter, 「Der China-Missionar Karl Gützlaff and Seine Heimatbasis」, Gedruckt Sweden: Ljungbergs Bortrycheri AB Klippan, 1976.
- _____, 「Karl Gützlaff als Missionar in China」, Lund: C. W. K. Gleerup, 1946.
- Thomas, Robert J. Chefoo, to London Missionary Society, Jan. 31, 1865. London: Livingston House Library.
- 고종실록, 을사, 9월 20일 자.
- _____, 병인, 7월 15일~27일(음) 자.
- 민경배, 「교회와 민족」, 서울: 대한기독교출판사, 1981.
- _____, 「한국기독교회사」, 서울: 대한기독교서회, 1980.
- 민병호, 「한국 개신교 최초의 순교자 R. J. 토마스 목사 연구」, 서울: 대한예수교회 총회교육국, 1984.
- 박제형, 「조선 정감」, 동경: 중앙당, 1886.
- 유홍렬, 「천주교회사」, 서울: 가톨릭 출판사, 1962.
- 이진호, 「동양을 섬긴 귀츨라프 : 한국에 최초로 온 개신교 선교사의 일대기」, 서울: 한국 감리교회사학회, 1989.
- 일성록, 병인, 7월 15일~27일(음) 자.
- 지원용, "최초로 한반도를 찾은 개신교 선교사 귀츨라프", 「신학과 신앙」 제2호, 서울: 루터교신학교, 1987, pp. 83~91.

2부

린지의 한반도 기행문
(조선 혹은 코리아에서의 거래)

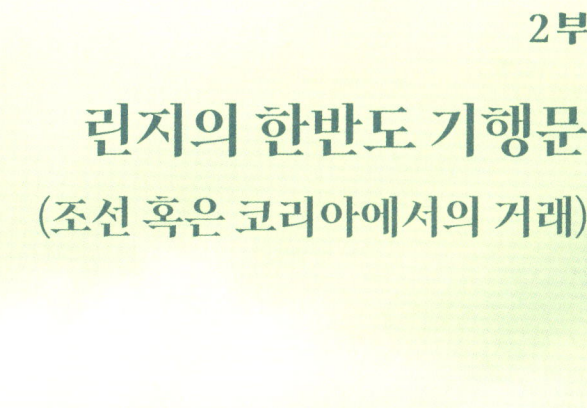

린지의 한반도 기행문에 기초한 귀츨라프의 항해 일정

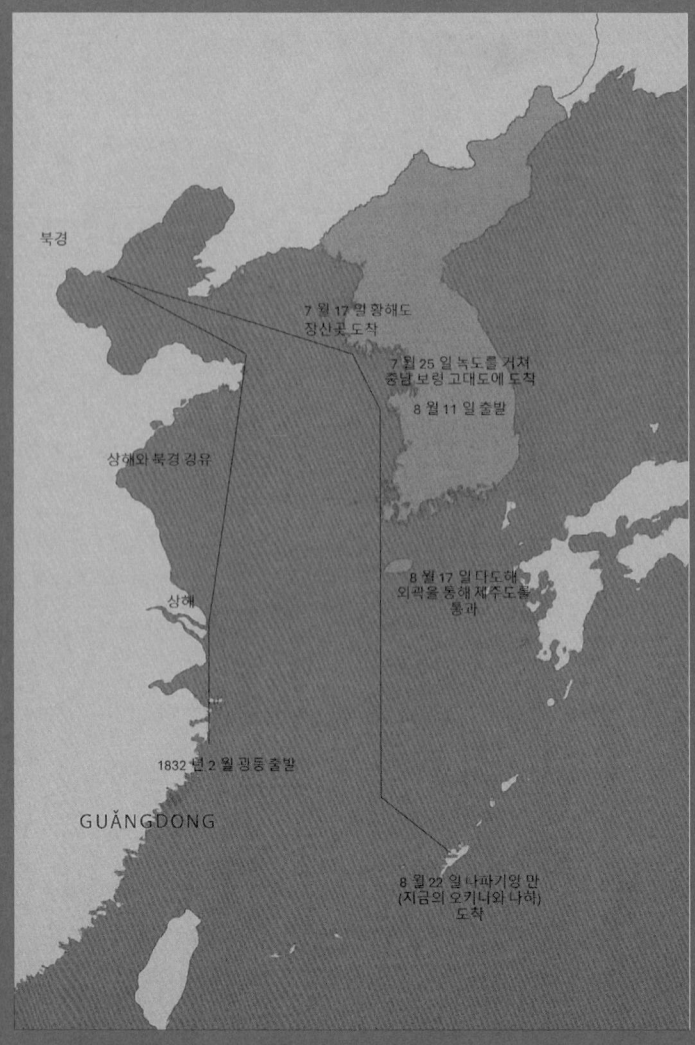

17일 상오 10시경, 제임스 홀 경 부대(Sir James Hall Group)로 알려진 곳[100] 약간 북쪽에 조선 땅이 보였다. 우리는 한 큰 섬의 급하게 깎아지른 듯한 절벽의 한 끝 부분을 향해 직진했는데 이 섬은 그곳 가까이에 널리 널려져 있는 암초들에 의해 쉽게 식별되는 곳이었다. 이 섬 주위를 일주하는 동안 우리는 북쪽으로 휑하니 뚫린 큰 만이 보이는 곳으로 나아갔다. 남쪽에 있는 다른 섬들과 마찬가지로 이 섬의 정상은 울창한 초목과 키가 큰 나무들로 덮여 있었고, 바다 근처의 저지대는 거치는 것 없이 잘 개간되어 있었으며, 우리는 다수의 가축들과 약간의 마을들을 보았다.

5시에 귀츨라프 씨와 나는 이전에 다녀갔던 선원들이 그들의 관습은 전혀 호감이 가지 않는다는 평을 했던 그 조선인들과의 최초의 조우라는 점에서 불안한 마음으로 경정을 타고 모선을 떠났다. 해안으로 가는 길에 우리는 한 조그마한 고기잡이배를 만났는데 그 배 안에 있는 사람들은 처음에는 많이 놀라는 듯하더니, 곧 글을 써서 이곳 지명이 무엇이냐는 나의 질문에 안심하는 듯했다. 한 사람이 '장산풍산'[101]이라고 써주었으나, 그는 한문을 썩 잘 이해 못 하는지 우리에게 더 이상의 정보를 줄 수 없었다. 우리는 그

---

100   1818년 바질 홀(Basil Hall) 선장이 영국 정부의 외교적 임무를 띠고 조선 서해안과 류큐 열도를 항해하면서 이 지역의 상세한 지도를 만들었는데, 북위 38도 바로 아래 해안선을 '제임스 홀 경 부대'(Sir James Hall Group)라고 명명했다.
101   바질 홀 선장의 지도에 따르면, 이곳은 백령도와 근접한 황해도 장산곶으로 추정된다.

에게 책과 사자 무늬가 새겨진 단추 몇 개를 주었는데 그는 이를 기쁘게 받고 자원해서 답례로 약간의 생선을 우리에게 주었다. 우리는 곧 어부들의 오두막들과 약간의 어부들이 있는 한 지점에 상륙했다. 우리가 그들의 오두막으로 다가가자 그들은 강하게 반발했고, 한 노인은 우리에게 전혀 알아들을 수 없는 장광설을 늘어났다. 저녁이 곧 다가와서 우리는 이튿날 아침에 다시 오겠으며 또한 배로 그들을 초청하겠노라고 손짓으로 말하고는 배를 타고 돌아왔다. 그쪽 편 사람들 중 아무도 중국말을 읽을 수 없어서 우리는 그들과 대화할 수 없었다.

우리가 이미 사용한 항해 기간이 조선인들 틈에 더 머물고자 하는 나의 의도를 가로막고 있었다. 체재 기간을 더 연장시키지 않고서는 이방인들과의 어떤 조우도 꺼리는 이 사람들의 뿌리 깊은 반감을 해소시키고자 하는 소망이 아무런 열매도 맺지 못할 것이다. 그러나 우리가 아직까지는 우리의 감정을 의사소통할 수단을 소유하고 이 땅을 밟은 최초의 항해자들이기 때문에, 무언가 즉각적인 이익을 보려는 기대를 얼마쯤은 넘어서서 생각하고, 장래의 방문자들에게는 보다 진심에서 우러나오는 환대를 받는 계기가 될지도 모르는 이 땅의 관원들과의 우호적 대화의 길을 열도록 노력하는 것이 나의 임무라고 생각했다. 이런 목적에서 나는 그 수도에까지 실제로 전달될 수 있도록 착안한 조선의 국왕에게 보내어질 다음과 같은 청원서를 작성했다. 만일 이 청원서를 받는 관리들이 이를 우호적으로 받고 우리에게 회답이 올 때까지 기다리라는 격려를 해주면, 나는 그리하리라 다짐했다. 그러나 만일 일이 반대로 된다 할지라도, 그 실험으로 인해 별로 피해를 받지 않을 것이다.

영국 관리 후혜미(Hoo Hea-me)는 차제에 조선의 국왕 폐하 존전에 감히 청원을 드리나이다.

한 영국 상선이 전하의 영토 중 한 해안에 정박하였는바, 저는 그 배가 그곳에 닿지 않으면 안 되었을 상황들을 감히 언급하는 것이 본인의 도리인 줄 아나이다.

그 배는 중국 제국의 남서 국경에 접한 영국에 소속된 한 큰 왕국, '힌두스탄'[102]으로부터 온 상선입니다. 이 배의 화물은 나사, 낙타 모직물, 옥양목, 시계, 망원경과 기타 물품이며 본인은 이들을 은이나 귀국의 산물과 교환하며 법에 따라 관세를 물어 처분하기를 열망하나이다.

대영제국은 귀국으로부터 수만 리나 떨어져 있으나, 사대양 안의 온 인류가 다 형제들입니다.[103] 저희 왕국의 군주께서는 그의 신하들로 하여금 지구상에 있는 모든 나라들과 자유스럽게 교역하도록 인가하셨습니다. 그러나 저희의 법은 먼 나라들과의 교역에 있어서 정직함과 공정함과 타당성이 있는 불변의 강령을 명하고 있습니다. 따라서 먼 지역들을 묶어주는 우정의 유대가 공고해질 것이며 상업 교류로 인한 유익들도 크게 증가될 것이옵니다.

지금까지 저의 나라로부터 교역의 목적을 가지고 귀국을 찾은 배는 하나도 없었습니다. 그러나 전하께서는 당신의 신민들의 안녕을 도모코자 노심초사하시는 현명하시고 사리에 밝으신 군주신지라, 외국과의 통

---

102 현재 인도의 페르시아식 이름(역자 주)
103 공자의 말씀을 인용한 것임(역자 주)

상의 증진에 의해 귀국의 세입과 그 신민들의 번영이 증가될 것인가 아닌가에 관한 전하의 숙고는 일고의 가치가 있는 주제일 것이옵니다.

    그러므로 만일 전하께서 저의 나라 사람들과 교역하는 것을 위해 윤허를 내리심이 가하시다고 생각하시면, 겸비하게 청하옵나니 전하께서 이 같은 내용을 고지하는 친서를 은혜로 내리시고, 저는 이를 가지고 가서 저의 나라 국왕께 필히 전달하겠나이다.

    비록 중국에 배포하려고 쓰인 것이긴 하지만 여기에 배려하실만한 가치가 있는 저의 나라와 관련된 약간의 정보가 담긴 영국의 국무에 관한 소책자 두 권을 동봉하옵니다.

    저는 또한 제 배의 화물 중 견본들로서 약간의 하찮은 물품을 전하께서 은혜로 받아주셨으면 하고 실례를 무릅쓰고 청원하옵나이다. 저는 전하께서 이들을 거부하지 않으시리라 겸비하게 소망하면서 목록서를 동봉하옵니다.

    전하께서는 만수무강하옵시고 평화와 평정이 귀국 위에 계속 왕성하기를 기원하나이다.

    주후 1832년 7월 17일

    태광 12년 6월 20일

    진신, 혹은 제29번째 윤년

18일 아침 동틀 무렵에 우리는 상륙했고 해안에서 약 1마일 떨어진 내지에 있는 한 마을을 향해 갔다. 우리는 곧 몇 사람을 만났으며, 나는 그들에게 우리는 영국인이며, 그들의 좋은 친구이고, 조선의 국왕에게 편지와 선물을 전하려 하며, 또한 누군가 관리들을 만나 자문을 얻고 싶으며, 여러 종류의 신선한 식량을 사기 원한다는 내용을 미리 써둔 쪽지를 내보였다. 처음에는 이것이 만족스러운 듯 보였으나 우리가 그 마을을 향해 나아가는 동안 여러 무리들이 우리를 만나려고 떼 지어 다가왔다. 그들 중 대다수가 옷을 점잖게 차려입었고 홀 선장의 항해기에 기록된 것처럼 테가 넓은 독특한 모자들을 쓰고 있었다. 그들이 앞으로 나아올 때 나는 각 무리에게 그 종이쪽지를 내어 보였다. 그러자 그들 사이에 우리를 대우하는 방법론에 관해 약간의 의견 차이가 있는 것이 확연했다. 그러나 모두가 우리들이 그 마을에 들어오는 것을 반대하는 눈치였다. 그중에 화승총과 가벼운 화약통을 손에 든 자가 급하게 나섰다. 그는 담대하고 태연한 자세로 내게 곧장 다가왔다. 그러나 내가 그 종이쪽지를 보여주자 그는 다정스럽게 손으로 나를 잡더니 제방 위에 앉으라는 시늉을 했다. 원주민들의 호감이 지속되는 동안 가능한 한 그 마을 안으로 들어가려는 바람에서 나는 그의 암시를 전혀 무시한 채 나아갔고, 그래서 우리는 그 마을에서 약 이백 야드 정도 떨어진 곳에 있는 조그만 오두막까지 아무런 제재도 받지 않고 접근할 수 있었다. 이 시점에서야 비로소 더 이상 갈 수 없다는 무시할 수 없는 지시가 내려졌다. 군중들은 우리의 진행을 막기 위해 한 줄로 정렬해 섰고 몇 사람이 내게 다가와 무례하게 손으로 나를 잡더니 가마니 위에 우리를 앉으라고 몸짓으로 알렸다. 곧 연장자 두 사람이 내려와서 앉았고 그 중 한 사람의 명령대로 서기가 종잇조각 하나를 펼쳐 놓더니 우리의 서신에 대한 답장을 써내려 갔다. 곧 "이곳에서는 식량같이 생긴 어떤 것도 얻을 수 없으므로 오히려 이곳을 즉각 떠나 북쪽으로 약 삼십 리 정도 가면 혹시 의사소통이 가능한 관리를 만날 수 있을는지도 모른다"는 것이었다. 얼마 동안 서면으로만 대화가 계속되었다.

그들은 왕에게 보내는 편지의 내용을 말해줄 것을 요청했는데, 나는 그 내용은 오로지 고위 관리에게만 전달될 수 있는 것이라고 말했으며, 그래서 그를 보내줄 것을 요청했다. 그들의 의견 전부가 우리가 곧 떠나주었으면 하는 요구로 일관했다. 토론 기간 동안 언성을 높여 대하는 것이 약간의 의견차가 있는 것이 확연했고, 결국 우리에게 적의를 가진 편에서 완전한 주도권을 가졌다. 한 사람이 뻔뻔스럽게도 "만일 당신들이 즉각적으로 떠나지 않는다면 당신들을 참수하기 위해 병사들을 보낼 것이다"라고 글로 적었다. 그 후에 그는 한술 더 떠서 "떠나라. 아니면 큰 변화가 일어날 것이다. 당신들의 생사가 불분명할 것이다"라고 했다. 이 무례한 통고에 답하여 귀츨라프 씨는 "당신은 누구냐? 무슨 권위로 당신은 그러한 무례한 말을 하느냐? 만일 당신의 왕이 이를 안다면 그는 그의 친구들인 우리를 협박하는 당신에게 중벌을 가할 것이다"라고 썼다. 하여튼 이는 우리가 떠나는 것을 원해 계속 몸짓으로 재촉했던 모든 사람들에게 경종이 되는 듯했다.

곧 200명을 상회하는 사람들이 모여들었고, 우리는 더 이상 지체하는 것이 별로 유쾌하지 않은 결과들을 가져올 것 같아, 이러한 우리의 노력이 완전히 실패한 것에 대한 실망을 안고 귀환길을 서둘렀다. 우리 편은 경정에 있는 여섯 사람 외에 모두 여덟 사람으로 구성되어 있었다. 귀츨라프 씨를 제외한 우리 모두가 단검과 권총으로 단단히 무장하고 있었고, 아마도 이에 대한 인식이 우리로 하여금 더 악한 수모를 당하지 않도록 예방해 주었던 것 같다. 우리들이 빨리 떠나도록 채근하기 위해 그 사람들은 우리와 자신들을 가리키면서 그들의 집게손가락으로 그들의 목을 긋는 시늉을 반복했다. 이는 그들과 우리들 모두의 생명이 위태로울 것이라는 암시였다. 처음에 나는 사자 무늬가 새겨진 단추들과 옥양목 등 약간의 선물들을 제시했으나 거절당하고 말았다.

사람을 싫어하는 이 종족과 더 이상 대화해 본들 아무런 유익도 얻을 수 없기 때문에 가능한 한 빨리 귀환해야 한다는 부담감만 갖고 남쪽으로 향해 돌아섰다. 저녁때 바람이 동쪽으로부터 신선하게 불어왔고, 그래서 아침에는 남쪽으로 돌아갈 수 있었다. 19일과 20일 사이에 우리는 집중적인 호우와 안개가 짙은 날씨를 만났고 이것이 해변에 정박하려는 우리의 시도를 방해했다.

21일에는 날씨가 약간 개었고 그래서 우리는 남서쪽에 있는 아마도 그들 중에 '후톤'(Hutton) 섬[104]이 있을 것으로 사료되는 일단의 몇 개의 섬들을 볼 수 있었으며 우리는 이들을 향해 나아갔다. 정오경 우리는 홀 선장에 의해 언급된 아주 획기적인 항해자의 이 정표인 '상산'(Table Mountain)의 또렷한 경관을 볼 수 있었다. 바람이 맞불어 오는 쪽으로 항해하여 우리는 기복이 심한 형태를 가진 큰 나무들이 만연한 육지에서 언뜻 보기에 약 10마일 정도 떨어진 몇 개의 섬들 사이를 통과했다. 우리가 지나친 섬들 중에 어떤 섬들은 제법 사람들이 많이 살고 있었고 원주민 남자들, 여자들 그리고 아이들이 우리가 통과하는 동안 우리를 응시하기 위해 고지로 모두 뛰어 올라갔다. 저녁 5시에 우리를 향해 조수가 밀려와 우리는 '바질만'(Basil Bay)[105] 북쪽에 닻을 내렸다. 우리는 가파른 언덕의 벼랑 가에 세워진 큰 마을로부터 약 2마일 떨어진 곳에 정박했고 창문을 통해 헐렁한 흰옷을 입은 주민들이 이

---

104   바질 홀 선장이 명명한 충청남도 서천군 서쪽 섬들 중 하나이다.
105   바질 홀 선장이 자신의 이름을 붙여 '바질만'이라 부른 곳으로, 현재 충청남도 서천군 서쪽 제일 끝 부분의 갈퀴 모양 만을 지칭하는 곳이다.

리저리로 분방하게 뛰어다니는 것을 볼 수 있었으며, 아마도 그들은 우리의 출현으로 인해 몹시도 흥분한 것 같았다.

나는 조선인들과 대화의 길을 열려는 시도가 완전히 실패한 데 대해 아주 크게 낙심해 있었고, 그래서 나는 그런 의도로 그 해안에 조금이라도 더 오래 머물러 있으려는 생각을 포기했다. 그러나 강한 남풍이 때마침 안개와 조우하여 때로는 100야드 지척에 있는 어떤 물체도 식별할 수 없도록 짙었고, 이것은 우리의 진행을 사실상 막고 말았다. 23일에 이웃 마을로부터 몇 척의 배들이 우리를 방문했으나 그들 중 아무도 한문을 쓸 수 없었다. 그들을 포도주로 대접하고 배 구경을 시켜준 후에 그들을 따라 바닷가로 갔다. 이곳 사람들은 북쪽 사람들처럼 그렇게 무리하고 불친절하지는 않았다. 우리는 마을로 들어갔고 소주와 소금에 절인 생선을 대접받았다. 그러나 마을을 돌아보려는 우리의 시도에 무시할 수 없는 장애가 생겼고, 그래서 우리는 이를 더 계속하려 하지 않았다. 계속해서 비가 왔고 안개가 자욱한 날씨여서 우리는 그 섬을 돌아볼 기회를 가지지 못했다.

이튿날에도 안개와 나쁜 날씨가 계속되었다. 수척의 배들이 또 우리를 방문했고 그 일행 중 한 사람은 한문을 완벽하게 이해하는 사람이었다. 그는 우리의 국적을 묻는 것과 우리가 바람과 나쁜 기상으로 인해 겪고 있는 어려움에 대해 위안하는 것으로 대화를 시작했다. 나는 좋은 기회가 주어졌다는 어떤 소망보다는 단지 호기심에서 "우리는 대영제국의 국민이며 가지고 온 편지를 조선의 국왕에게 드리기를 원한다"고 대답했다. 그는 "당신들은 지금 위험한 상태에 처해있으므로 내가 안전한 정박지로 가는 길을 제시해 줄 것이며, 그곳에 가면 고위 관리에게 그 편지를 전할 수 있을 것"이라고 응답했다. 나는 나의 소원이 성취될 수 있는 이 기대치 않았던 기회에 대해 쾌재를 불렀다. 우리의 방문객은 우리에게 그의 이름은 '뎅노'(Teng-no)이며 우리 배를 방문해 우리가 무슨 목적으로 이곳에 왔는지 인근에 있는 한 고위 관리에 의해 급히 파송되었다고 말했다.

뎅노는 물은 배를 움직이기에 충분하도록 깊고 항해사들도 항로를 잘 알고 있기 때문에 불안이나 의심을 마음에서 제거해 버리라고 안심시키며, 이곳에서 약 30리나 10리 정도 떨어진 곳, 그가 말했던 항구까지 배를 즉각적으로 옮겨야 한다고 재촉했다. 그는 덧붙여 "여러 날을 바다에서 지냈기 때문에 당신들은 의심할 것도 없이 생선과 고기 먹는 것을 그리워했을 것이다. 내가 인도하는 곳으로 따라오라. 그러면 이 모두를 얻을 수 있을 것이다"라고 권유했다. 나는 그가 보여준 친절에 고도로 만족했음을 표현했으나, 우리의 배가 크고 아직 안개가 개지 않았으며 기상이 아주 사나워 이런 날 항해하는 모험을 할 수 없다고 답변했다. 그러나 다음 날 아침에 다시 오면 우리를 안전한 정박지까지 인도하겠다는 그의 제의를 감사히 받아들일 것이며 그곳에서 고위 관리를 만나겠다고 말했다. 그는 이에 동의했다.

그는 우리의 질문 중 몇 가지에 대해 답변하면서 그들의 수도의 이름이 경기도 한양이라고 말했다. 지금까지 조선의 수도의 이름으로서 모든 지도들에 의해 채택된 처음의 세 글자는[106] 단순히 수도가 있는 지방임을 명명하기 위함인 것 같고 뒤의 두 글자 한양은 그 수도의 이름인 것 같았다. 이 정보가 정확하다는 것은 팀 코스키(Timkouski)가 쓴 《임무》(Mission)라는 책, 제2권 110페이지에 언급된 것과 비교해 볼 때 명백하다. 그는 그 수도가 300리나 떨어져 있다고 부연해서 말했다. 그는 왕의 이름에 대한 질문에 답변하기를 "나는 감히 그의 성스러운 이름을 말할 수 없다. 그는 300개 이상의 성들을 통치하고 있고 그의 나이는 약 43세이며 36년 동안 왕좌에 있었다"고 말했다.

그가 떠나기 전, 나는 뎅노와 그와 함께 온 신분이 높게 보이는 다른 몇 사람들에게 약소한 선물로서 옥양목과 낙타 모직물을

---

106 아마도 그 당시까지만 해도 외국인들은 '경기도'라는 세 글자를 수도의 이름으로 알았던 것 같다(역자 주).

주었다. 처음에 그들은 목을 손가락으로 가로 긋는 통용된 몸짓을 거듭하면서 거부했지만, 잠시 후 우리의 선물을 받아들였다. 뱃사공들 개개인에게도 사자 무늬가 새겨진 단추 하나씩 주었고 그들은 이를 아주 기뻐하는 것 같았다. 배 안에 몇 시간쯤 머문 후, 우리가 그들에게 단맛이 나는 포도주와 화주를 대접한 후에 그들은 우리를 떠나 해안으로 돌아갔다. 그 조선인들은 독주에 한결같이 길들여져 있었고 취하지도 않고 상당한 양의 독주들을 마셔댔다.

다행스럽게도 날씨는 개었고 25일 정오가 약간 지나서 뎅노가 돌아왔다. 그는 우리에게 다시 배를 운항할 것을 종용했고 그것은 그대로 이행되었으며, 우리는 뱃머리를 돌려 당당하게 북동쪽에 있는 몇 개의 섬들을 향해 나아갔다. 남쪽에서 불어오는 고운 산들바람을 등에 업고 항해하는 동안 우리는 록도로부터 약 7마일 정도 떨어진 곳에 있는 그 섬들을 쉽게 통과했고, 곧 깊게 짜여진 만을 향해 혹은 그보다는 다수의 섬들 사이의 항로를 따라 북동쪽으로 항해해 갔다. 우리는 고위 관리들이 머물고 있다는 큰 마을 가까운 곳에 정박했다. 우리가 닻을 내리자마자 몇 척의 경정들이 다가왔다. 몇 가지 질문들이 던져졌고 우리가 겪어야 했던 어려움에 대한 위로의 표시가 있었다. 우리는 또한 두 명의 고위 관리들이 그 다음 날 우리들을 방문할 것이라는 통지를 받았다. 그 사절들 중 한 사람 편에 나는 우리의 도착을 알리는 동시에 왕에게로 갈 편지와 선물, 그리고 이들을 빨리 받아 전해줄 것을 요청하는 간단한 편지를 그들이 긴대진(Kin Ta-jin)[107]이라 부르는 상급 관리에게 써 보냈다. 우리가 이 편지를 전해준 이는 아주 지적인 젊은이였는데 그는 상급 관리 중 한 사람인 사무관이며, 우리와 그 관리들과의 중재자로서 일하도록 뎅노와 함께 선임되었고 그의 이름은 양이라고 우리에게 설명했다.

다음 날 아침(7월 26일) 우리는 상급 관리들이 오고 있다는 전갈을 가지고 온 뎅노와 양이의 방문을 받았다. 얼마 있지 않아 그들이 승선했다. 그들 중 한 사람이 바로 내가 편지를 보낸 김대진이었고 다른 사람은 문관이 있는데 그의 이름은 이태로야 (Le Ta-laou-yay)[108]였다. 김은 60세쯤 나보이는 멋진 노신사였다. 그는 처음부터 더 말할 나위 없는 솔직함과 훌륭한 재치로 우리를 문안했고, 우리들이 만났던 전 기간 동안 이에서 결코 벗어난 적이 없었다. 이(Le)는 멋있는 흰 수염을 가진 노약한 사람이었다. 그 고관들은 일반적으로 그들을 호위하고 왔던 어떤 이들보다 더 완만하게 늘어진 관복을 걸친 것을 제외하고는 그들의 지위를 가리키는 어떤 특징적인 표식도 달고 있지 않았다. 품위 있게 차린 사람들

---

107 우리 성에 긴씨는 없고 중국에서는 김을 긴으로 발음하기 때문에 김대진이라는 이름을 이렇게 표현한 것 같다(역자 주). 순조실록 32권 7월 21일자 기록에 따르면, 이 사람은 수군 우후 김형수인 것으로 보인다.

108 우리 말에 "…야" 하는 말을 그냥 들은 대로 적어서 그런 것 같다(역자 주). 역시 순조실록 32권 7월 21일자 기록에 따르면, 이 사람은 홍주 목사 이민회인 것으로 보인다.

모두가 홀 선장에 의해 기술된 크고 넓은 창을 가진 모자들을 쓰고 있었다. 우리들이 어디로부터 왔는가? 무슨 목적으로 왔는가? 우리의 고국이 얼마나 떨어져 있는가? 우리나라의 인구가 얼마나 되는가? 등 다수의 질문들이 우리에게 주어졌다.

다수의 다른 질문들과 함께 이 모든 질문에 대해 우리는 정확한 답변을 했다. 내가 전하고자 하는 편지가 공적인 업무에 의한 것인가 하는 질문에 대답하기 위해 나는 그렇다고 말하는 것이 바람직하다고 생각했고, 따라서 "우리가 이곳에 온 목적은 당신의 나라와 무역하기 위함이다. 이 배는 관선이며 그 편지도 공적인 주제를 취급하고 있다"고 썼다. 이에 만족해 하는 듯싶더니 그 편지의 내용이 무엇이냐는 등 몇 가지 질문이 더 주어졌다. 나는 그것을 밝히는 것이 바람직하다고 생각지 않아 단지 그 내용은 그들의 왕이 심사숙고하여 결정할 것들이라고 대답했다. 나는 이에 덧붙여 그 편지가 공식적으로 전달되는 것이 나의 소원이며 그날 오후 중 해변에서 그들에게 전달해 주겠다고 말했다.

그 조선인 고관들은 전체적인 일처리에 있어서 난처해 하는 것보다는 진기해 하는 것이 확연했다. 그들은 서로를 처다보며 주저하던 끝에 그들의 사무관에게 몇 차례나 구술하더니, 그 쓰는 것을 멈추게 하고는 결국 아무런 답변도 주지 않았다. 노래 상자, 사진, 그리고 다른 것들을 그들에게 보여주었고 그들은 크게 놀라며 만족해 했다. 그 상급 관리들이 떠나기 전, 나는 오후에 편지와 선물을 가지고 해변으로 갈 예정이며, 양이와 뎅노는 배에 그대로 머물다가 우리와 함께 가는 것이 더 낫겠다고 종이 위에 다시 반복해 썼다. 이 항목은 김 노인이 '호다'[109]라고 외치고 두 사무관을 우리와 함께 머물도록 명령함으로써 재가되었다.

내가 실토한 지난 이틀 동안의 사건들은 실로 나를 놀라게 했는데 이는 우리들 이전의 항해자들의 모든 기록들과 우리들의 경험에 비추어 보아 우리들이 기대했던 것과는 전혀 다른 면에서 조선인들을 볼 수 있었다는 점이다. 우리에게 안전한 항구로 옮겨달라고 요청한 상황이나 조선인들에 의해 실제로 그곳까지 안내된 것이 우리로 하여금 조선의 관청이 외국 배의 체재를 원하는 방향으로 나가, 이곳에 도착하는 어떤 배라도 친절하게 대접하라는 명령이 연안 관리에게 하달된 것이 아닐까 하는 상상을 하도록 했다. 그래서 나는 조선인들이 마음에 품고 있는 외국인에 대한 질투하는 인식을 우리의 힘이 닿는 데까지 제거하여 현재의 호전된 기회를 최대한도를 이용하는 것이 나에게 주어진 임무라고 생각했다. 나는 왕에게 드릴 선물을 준비하면서 내가 보내려고 했던 것 외에 상당한 양을 추가하는 것이 지금은 더 바람직하다고 생각

---

109   좋다는 한문의 뜻(역자 주)

했다. 따라서 나는 다음과 같은 품목들을 몰랐고 이 모두가 양이와 뎅노 앞에서 포장되었다. 두 개의 목록서를 만들어 하나는 청원서와 함께 동봉했고 다른 하나는 관원들에게 주었다.

선물 목록서

다양한 색상의 극상품 나사, 4필

다양한 색상의 극상품 낙타 모직물, 6필

극상품 옥양목, 14필

망원경, 2개

세공 유리그릇, 향수병, 꽃병 등 6개

사자 무늬가 새겨진 단추, 12다즌

중국인들에게 배포하려고 귀츨라프 씨가 손수 마련해 온 성경 완역본 2권과 대부분 고 밀네(the late Dr. Milne) 박사에 의해 쓰여진 지리학, 첨성학, 과학에 대한 탐구서 및 평론을 포함한 다양한 주제의 책들

정오가 조금 지나서 수척의 경정들이 조그만 상들과 소금에 절인 생선들, 과자들, 간장, 그리고 소주로 채워진 광주리를 가득 실은 채 나란히 다가왔다. 우리는 이것이 우리들과 선원들을 위한 오찬이라는 뜻을 전달받았다.

그때 내가 받은 문서는 조선 관리들과의 최초의 공식적인 상면에 관한 특정한 내용을 담고 있었다. 그중 어떤 것들은 호기심을 끄는 것이어서 나는 이 단일 민족의 관습들의 특성을 축어적으로 적고자 한다.

일지로부터 발췌 (1)

오후 4시가 조금 못되어 귀츨라프 씨와 나는 심슨(Mr. Simpson) 씨와 스티폰(Mr. Stephan) 씨와 함께 모선을 떠나려 하자 우리와 함께 동행하던 두 친구들은 시간이 갈수록 초조해 하는 눈치가 확연했다. 우리는 관리들의 임시 숙소가 있는 마을로 갔고 약 50명의 험상궂게 생긴 조선인들이 있는 해변에 정박했다. 그들 중 몇명은 목을 베는 형을 집행하고 있었으며 그들은 우리가 떠나는 것을 원함을 명백하게 시위하는 듯했다. 양이는 그 새 생기를 잃고 연필로 관원들이 출타 중이므로 내일 다시 오는 것이 좋겠다고 썼다. 이 통고는 이미 너무 늦었고 나는 그 일을 끝내야 한다고 결심했으므로 우리는 무장을 해제한 채 아무 집도 보이지 않도록 굵은 윗가지로 만든 12자 높이의 담으로 둘러진 마을의 한 골목을 따라 직진했다.

우리가 앞으로 나아갈 때 갑자기 나팔 소리가 났고, 곧 있는 힘을 다해 나팔을 불며 그 길로 달려 내려오는 두 군졸들(그들은 청색 정복에 붉은 술이 달린 중절모에 의해 구분되었다)이 있었다. 그들은 우리가 나아가려 할 때 곧바로 나타났고, 우리의 진행을 막기 위해 횡대로 밀착하여 서서 응시하고 있었으나 얼마 안 있어 4명의 짐꾼들이 진 가마를 타고 길로 내려오는 늙은 족장과 김이 나타났다. 이(Le)는 호랑이 가죽 위에 앉아있었는데 그 모습이 일품이었다. 나팔수들이 곧 다가왔고, 그래서 우리는 마음에 무슨 일이 일어날 것인가 유심히 관찰했다. 두 고위 관리들은 그들의 가마에서 내려 우리에게 다가오더니 정중하게 우리에게 인사하는 동시에 20명을 상회하는 사람들이 기둥 위에 오두막을 세우고 있는 해변 쪽을 가리켰다.

우리는 공적인 임무를 띠고 왔기 때문에 정중한 예절로 우리의 서류를 전달키 위해 관공서로 초대받기를 기대했었다고 설명했으나 그 고위 관리들은 다시 한번 그 오두막을 가리키며 우리의 두 친구들에게 뭔가 말한 후, 가마에 올라타고 두 명의 나팔수들을 앞뒤에 세우고 무기를 휴대하지 않은 네다섯 명의 군졸들과 함께 해변으로 나아갔다. 우리의 두 친구들은 손짓과 우리들의 팔을 잡아당김으로써 그 고위 관리들을 따라갈 것을 권유했지만 우리는 이런 영접 형태에 대해 우리의 불만을 표시했고, 귀츨라프 씨가 글을 쓰고 있는 동안 나는 반항치 않고 점진적으로 골목 입구에 있는 약 10명의 주민들을 지나 널찍한 대청이 있는 한 집 앞의 공터로 다가갔다. 나는 곧 그 자리에 앉아 그곳을 가리키며 우리들이 그곳이면 만족하리라는 의사를 전달했다. 내가 그곳에 들어가자마자 여러 사람들이 크게 떠드는 소리가 나더니 군졸들 중의 하나가 무슨 일이 일어나고 있는가를 그 관리들에게 보고하기 위하여 뛰어 내려왔다. 몇 분이 못 되어 또 다른 소요가 일어나서 우리는 무슨 이유 때문인가 하여 둘러보았는데, 네 명의 군졸들이 우리를 향해 해변을 따라 달려오는 것을 보았다. 그들 중 두 명은 각기 큰 모자[110]를 쓴 한 사람을 체포해 왔는데 그는 맨 먼저 끌려 왔다. 그리고 그들은 다시 달려가 그들이 빨리 달릴 수 있도록 피해자를 그들 사이에 끌어안고 왔다. 그 고위 관리들은 헛간 가까운 곳에 사람들의 어깨에 멘 가마들을 타고 있었다. 그 범죄 용의자들은 끌려오자마자 그 고위 관리들 앞에 무릎이 꿇려 엎드려졌고 한 사람이 그들의 하의를 벗기는 동안 다른 사람은 긴 몽둥이를 가져와 즉결 형벌을 주려는 채비가 다된 듯 각각 그들 옆에 섰다.

그동안 우리는 무슨 일이 벌어질까 보려고 그 장소로 나아갔는데 막 처벌이 가해지려는 순간에 도착했다. 그러나 나는 참으

---

110   아마도 갓을 말하는 것 같다(역자 주).

로 무죄한 사람들이 나 자신의 행위로 말미암아 형벌을 받는 것을 차마 눈 뜨고 볼 수 없어 몽둥이로 내려치려고 팔을 든 병사에게로 곧바로 가서 멈추게 하고, 몸짓으로 옆에 비켜설 것을 말했다. 한 힘센 흑인 선원도 다른 병사에게 동일하게 행했으나, 그 친구가 그의 권위에 쉽사리 순복할 것 같지 않은 듯싶은지 그의 손에서 노처럼 생긴 막대기를 빼앗아 멀리 던져버렸다. 200명이 넘는 군중들이 그들 가운데 가마 위에 앉아서 난처한 표정을 지었던 관원들 주위로 몰려들었다. 그 사이 귀츨라프 씨는 몇 글자를 적어 만일 이 사람들이 우리들로 인하여 형벌을 받는다면, 우리는 곧장 배로 돌아갈 것이며 이 나라를 떠나겠노라고 말했다. 그들은 잠시 동안 상의하더니 이 노인이 그 죄인들을 풀어줄 것을 지시했고 그들은 걸음아 나 살려라 하고 내달렸다.

관원들은 곧 가마에서 내려와 오두막으로 들어갔고 우리에게 자기들을 따라오라고 청했다. 호랑이 가죽으로 덮인 멍석들이 깔려졌다. 수화로 짧은 대화가 오고 갔고 그 안에서 우리는 이런 영접에 대한 우리의 불만을 표시했다. 이(Le)는 서신을 건네달라고 글로 써서 요청해 왔다. 나는 생각할 겨를도 없이 그것을 그의 손에 건네주었다. 찰라적으로 내가 큰 실수를 했다는 것과 만일 우리가 마을 안으로 초청받기를 원했다면 그 서류를 오두막 안에서 건네주는 것을 거부했어야만 그것이 가능했으리라는 생각이 문득

들었다. 그러나 그것은 이미 늦었다. 그렇지만 배로부터 가져올 선물들을 요청받았을 때 나는 외교에서의 나의 실수를 만회하는 기회로 삼았다. "안됩니다." 나는 대답했다. "조선의 왕께 드리는 선물은 그런 무례한 방법으로는 전달할 수 없습니다. 만일 당신들이 우리를 존중해 주지 않고 계속 이렇게 대접한다면 나는 당신들의 전하가 보실 서신과 선물들을 이처럼 초라한 오두막에서 전달할 수 없다고 생각합니다"라고 대답했다. 그들은 아주 당황해 하더니 "우리의 법이 그것을 금합니다"라고 대답했다. "좋습니다." 나는 말했다. "그 선물들은 반드시 서신과 동반되어야 합니다. 그렇지 않으면 나는 그것을 되찾아 갈 것입니다."

이 방법은 완벽하게 적중했고 그들은 그 서신과 선물들이 반드시 전달되어야 한다는 것을 크게 걱정했다. 그들은 먼저 우리와 우리의 자랑스런 나라를 환대한다는 고도의 경의를 표함으로써 우리의 마음을 누그러뜨리려 했다. 그러고 나서 오직 귀츨라프 씨와 나만이 그들과 동행할 것이 제의되었고, 우리는 한 집으로 초대되었다. 나는 심슨 씨와 스티폰 씨도 포함되었으면 하고 말했으나 그것으로 만족하기로 하고 동의했다. 곧 우리들을 영접하기 위해 한 집을 준비하라는 명령이 떨어졌다. 술이라고 하기보다는 한 번 증류된 위스키 같은 화주가 돌려졌다. 그 관리들에게 먼저 순배가 돌아갔고, 나는 록도에서 우리를 대접했던 한 평범한 마을 사람에게서 똑같은 양상을 보았기 때문에 이는 어떠한 무례함이 내포된 것으로는 보이지 않았다.

우리는 곧 마을로 들어갈 것을 권유받았다. 그 관리들은 그들의 가마로 올라갔고, 나팔수들은 나팔을 불었으며, 군졸들은 중국에서 그랬던 것처럼 군중들을 좌우로 밀쳐냈다. 마을 입구로 들어가는 동안 정지 명령이 내려졌고 나팔을 든 병사들을 마을 안으로 보냈는데, 이는 아마도 한 여인이라도 어슬렁거리는 자가 없는가 확인하기 위함인 것 같았다. 그동안에 시간을 끌기 위함인지 아니면 조선의 법과 고위 관리들에 대한 경외심을 우리에게 심어주기 위함인지는 몰라도 한 불쌍한 평민이 끌려와 뉘어졌고, 김 노인이 짤막한 열변을 토해낸 후 한 병사가 긴 곤장대를 들고 다가와 그에게 체벌을 가했다. 그러나 이는 아주 심한 것은 아니었고 살며시 볼기를 두 차례 때리는 정도였다. 약 십 명 정도의 사람들이 그 체벌을 받는 자와 함께 연대로 통곡했으며 이는 그 의식의 일부인 것 같았다.

우리는 이 사건과 아무런 관련도 없었기 때문에 단지 잠자코 보고만 있었다. 다만 양이에게 그 이유를 물어봤더니 "이는 공무에 대한 부정과 당신들에 대한 무례함 때문입니다"라고 그는 대답했다. 그러나 그것이 무엇인지 우리는 알 도리가 없었다. 다시 행렬은 진행되었고 관리들은 그 마을의 첫 번째 집으로 들어갔다. 그래서 우리는 밖에서보다 그 집을 보다 자세히 볼 수 있었다. 모든 통로마다 집 안이 보이지 않도록 윗가지로 울타리가 쳐있었다. 우리가 들어갔던 집조차도 문들과 창들이 닫혀있었다. 그러나 지붕 아래 한 넓은 공간[111]이 트여있었고 그 위에 멍석이 펴있었다. 나는 곧바로 선물들을 보낼 것을 요청받았고, 그래서 그대로 했다. 그들은 선물들을 세 상자 안에 싸 넣었고 이것들은 그 관리들 앞에 있는 멍석 위에 놓여졌다. 나는 곧장 일어나서 합당한 예절로 두 손을 모으고 우두머리 관리에게 나아가 그의 손에 선물을 받아달라는 청원과 그 선물들이 약속한 대로 가장 빠른 속도로 전달될 수 있도록 청원하는 쪽지와 함께 그 서신을 건네주었다.

술이 생마늘 안주와 함께 또 한 차례 돌아갔고 우리들에게도 술잔이 돌아왔다. 그리고 그 관리들은 내일 우리를 다시 방문하겠다는 그들의 의도를 우리에게 보였고 우리는 친근스러운 말들을 주고받으며 헤어졌다. 내가 곧장 체벌로부터 구출해 준 가련한 사람들을 지나칠 때 그들은 아주 뜨거운 감사를 표했다. 우리의 호의에 대해 훨씬 친근감이 조성되었던 환경 때문인지는 몰라도 우리가 지나칠 때 거의 모든 사람들이 그들의 안면 높이까지 두 손을 모으며 우리에게 인사하러 나왔다. 우리가 배로 돌아왔을 때

---

111 이는 구 한옥의 구조를 볼 때 대청을 말하는 것 같다(역자 주).

우리가 없는 동안 우정의 실제적인 표시로서 관리의 직인이 찍힌 쪽지와 함께 곧 잡을 수 있는 상품의 돼지 두 마리와 쌀 한 가마, 그리고 약간의 채소들이 보내져 온 것을 발견했다. 그러므로 우리는 사람을 싫어하는 종족과 친근한 교제를 위한 약간의 진보가 이루어지고 있음을 감지할 수 있었다.

    그날 저녁 8시에 우리는 서기 두 사람의 방문을 받았는데 그들은 배의 화물이 무엇이며, 모든 관리들과 남자들의 이름들이 무엇이며, 배의 길이와 넓이가 얼마이며 등등의 일련의 질문들을 가지고 왔다. 그들은 또한 영국에 대한 여러 가지 질문들도 가지고 왔는데, 왜 '대영제국'(Great Britain)이라 부르는가, '소영'(Small Britain)이라는 나라가 있는가 등이었다. 회합은 거의 자정까지 갔고 모든 내용들이 전부 문서로 작성되었다. 이런 작업의 불편함과 지루함에 대해서는 아주 지적이며 명랑한 사람인 '양이'에 의해 언급되었다. 떠나기 전에 그는 "당신들이 깨달을 수 없는 나의 말과 내가 깨달을 수 없는 당신들의 말을 쓰는 일만 하는 이 일이야말로 확실히 짜증나는 일입니다"라고 썼다. 우리가 질문했던 몇 가지에 대해 답하면서 그들은 자신들이 읽고 공부하는 책들이 대부분 중국 책들, 예를 들어 사서오경 등의 책들이지만 자신들의 서적들도 있다고 말했다. 그들의 종교도 역시 거의가 중국으로부터 왔으며 도교와 불교의 신들이 그들에게 알려졌다고 했다. 그러나 지식인들에게 속한 종교로서 그들은 참 유교 신자들이라고 고백했다. 그들은 자기들 마을마다 공자나 맹자 등에게 봉헌된 사당들이 있다고 말했다.

이튿날 우리는 다시 김 씨와 이 씨의 방문을 받았고 또다시 몇 개의 질문들이 주어졌다. 이 모두가 다 왕에게 전달될 정보를 얻기 위함이라고 그들은 우리에게 알려주었다. 조선인들은 다른 나라에서와 마찬가지로 아주 호기심이 많은 것 같다. 우리는 영국으로부터 조선까지 오는 길에 우리가 통과했던 모든 나라들의 이름들과 유럽의 모든 나라들의 이름들, 그리고 특별히 힌두스탄에 대한 많은 것들을 적어달라는 요청을 받았다. 우리는 또한 특별히 그 서신의 내용에 대해 질문을 받았는데, 이에 대해 나는 어떤 대답도 거절하며 서신 자체가 설명할 것이라고만 말했다. 순서가 바뀌어 우리는 그 관리들에게 몇 가지 질문을 했는데, 그중의 하나가 "왜 당신들은 외국인이 당신들의 마을에 들어가는 것을 그토록 두려워하느냐?"는 것이었다. 이 질문은 그들을 아주 당황케 만든 것 같았다. 그들은 얼마간 상의했고 양이가 몇 차례 붓을 들어 몇 자 적고는 이를 지워버렸다. 그러다가 결국 "원래는 그렇지 않다"고 단순하게 대답했다.

우리는 여러 차례 그들이 보여준 야릇한 불안감에 대한 모종의 설명을 들으려고 백방 노력했음에도 불구하고, 이는 항상 허사였다. 그러나 엄한 형벌을 초래하는 어떤 강력한 요인이 이런 감정을 그토록 강하고 보편적으로 퍼뜨렸던 것 같다. 가는 곳 어디든지, 심지어는 왕래가 전혀 없는 도서지방에서조차도 손으로 목을 긋는 똑같은 표시를 보는데, 이는 한 조선인이 자신의 처소에 외국인들을 들임으로써 받게 될 형벌임을 뜻한다. 조선인들은 천성적으로 의심이 많은 종족인 것 같다. 모든 마을이나 외딴집조차도 윗가지로 엮은 울타리로 높이 쳐있어서 아무도 내부를 들여다 볼 수 없도록 했다. 우리가 떠날 때까지 우리 주위에 있었던 섬 주민들은 어느 정도 우리와 친근해졌지만, 마을 안으로 들어가 보는 것은 전혀 엄두도 못 냈다. 우리는 회무 관계로 관리들을 만날 때마다 집으로 초대해 줄 것을 항상 고집했고, 이는 그들의 법에 어긋나는 것이었지만 우리의 태도가 단호한 것을 보고 결국 허용되었다. 그 당시 나는 김하진(Kin Fajin)에게 우리가 상륙했을 때 누구도 어느 집에 강제로 들어가려고 하거나, 아무도 해한 적이 없음을 명백하게 설명했다. 이에 대해 그는 "이의가 없다"고 대답했다. 김과 또 다른 관리는 남아서 우리와 함께 식사를 했지만, 이(Le)는 나이와 병약함을 이유로 자리를 떴다. 나는 관리들 각 사람에게 조그만 선물을 주었는데 그들은 얼마 동안 못 이기는 체하다가 받았다. 그들은 명석 위에 깔고 앉을 수 있는 조그만 브럿셀 양탄자(Brussels carpet)를 제일 좋아했다.

김하진의 태도는 거칠고 좀 사나운 편이었지만 어느 정도 재치와 유머가 있었기 때문에 그는 곧 우리가 선호하는 사람이 되었다. 식사 중에 다른 관리가 너무 상스럽고 버릇없게 굴었을 때 우리는 비위가 상하는 것을 감출 수 없었다. 김은 이를 즉시 눈치채고 그를 호되게 꾸짖었다. 동시에 붓을 가져다 달라고 하여 "우리가 겸양의 도에서 벗어나고 귀국의 고귀한 관습들을 무시하여 죄송합니다"라고 썼다. 우리는 그런 그의 태도가 얼마나 만족스러운지 모르겠다고 표현했고 이는 그를 매우 만족시켰던 것 같다. 식사 후에 우리는 몇 개의 감자를 파종하기 위해 상륙했는데 귀츨라프 씨는 그것들을 경작하는 방법을 정확하게 써주었다. 우리가 찾은 곳들 중에서 가장 좋은 땅을 골라 백 개 이상 파종했다. 수백 명의 섬 주민들이 둘러서서 놀란 눈으로 구경했다. 경작법을 적은 종이를 그 땅 주인에게 주었는데 그는 파종한 것을 잘 관리하겠다고 약속했다. 이튿날 나는 그곳에 울타리가 잘 처있는 것을 보고 기뻤다. 조선의 흙과 기후는 감자의 재배에 아주 적합하기 때문에 적어서 준 방법대로만 잘 관리를 한다면 이 유익한 채소는 조선에 널리 퍼질 것으로 간주된다. 돌아오는 길에 우리는 바닷가에 앉아서 우리를 기다리고 있는 관리들을 봤고, 그래서 그들과 술을 한 잔씩 나눴다.

이날(7월 28일) 양질의 신선한 수원이 있는 반대편 쪽 섬으로 가서 물 공급을 개시했다. 비록 가까운 곳에 마을은 없었지만 곧 수백 명의 조선인들이 몰려왔다. 그들은 조금도 귀찮게 굴지 않고 오히려 뱃노래 같은 단조의 노래를 부르면서 두레박에 물을 채워 배로 나르는 것을 기쁘게 도와주었다. 그 주민들의 이러한 친절한 기질은 유쾌한 것이었고 그들은 우리가 생각했던 것처럼 본질적으로 사람을 싫어하는 종족이 아님을 보여주는 것이었다. 이런 협조는 그들 편에서 자발적으로 행한 것이었고 큰 기쁨 속에서 주어졌다. 오늘은 고위 관리의 방문이 없었다. 그러나 우리의 두 친구 양이와 뎅노가 여러 가지 질문거리들을 가지고 찾아왔다. 우리는 그들이 배의 등록증 혹은 면허증을 요구했을 때 약간 놀랐으나, 그들에게 보여주었다. 배의 전투 능력에 대한 여러 질문들이 나왔다. 총은 몇 정이나 가지고 있는가? 왜 우리 배가 총들을 소유하고 있는가? 배 안에 소총, 권총, 단창, 검 등이 얼마나 있는가?

30일에 우리는 지금까지 만나본 사람들보다 더 고위직에 있는 사람의 방문을 받았다. 그의 성 또한 김이었다. 그는 자신을 정3품에 해당하는 장군이라 불렀다. 우리는 그의 이름 때문에 장군이라는 직함으로 구분했는데 이 관리는 쉰 살가량 된 건장하고 잘 차려입은 사람이었다. 그리고 쾌활한 표정의 용모에 약간 희끗한 검은 수염을 잘 가꾼 사람이었다. 그의 옷차림이나 예절은 지금까지 조선에서 본 어떤 사람보다도 뛰어났다. 그가 썼던 모자는 끝

이 뾰족한 공작의 깃털로 장식했고 호박과 검은 나무로 만든 염주알이 턱밑을 붙들어 매어 고정시키도록 했다. 그가 입은 윗도리는 다양한 색상으로 짜여진 양질의 일본산 비단이었고, 밑으로 흐르는 도포는 그 나라 본산인 흰 아마포로 아주 산뜻하고 깨끗했는데, 이는 중국 관리에게서도 보기 힘든 것이었다. 우리가 한 식구처럼 생각하고 우리 배를 존중해 주었던 김이 그를 수행하였는데, 그는 이 새 손님들에게 그가 전에 보았던 모든 진기한 것들을 보여주었다.

정오가 조금 지나자 두 척의 큰 배가 모든 선원들을 위해 조선 음식들을 가지고 왔는데, 이는 면발을 넣은 닭고기국과 돼지고기 썰은 것, 야채, 떡, 꿀, 그리고 술 몇 동이 등이었다. 이 향응은 고위 관리인 김과 그 장군이 선원들을 위해 보낸 것이며, 그들도 동석할 것이라는 전갈이 있었다. 이는 확실히 그들이 해안에서 우리에게 행했던 불친절에 대한 보상으로서 베푸는 것 같았고, 지금까지 그 관리들은 자기들의 책임 하에 행동하는 것 같았다. 또한 우리에게 주어진 호의로 인해 전횡적인 군주에게 큰 불쾌감을 줄 가능성도 있고, 우리에게 베푼 그들의 관심과 친절에 대해 감사를 표하지 않는다면 우리는 무례한 사람들이 되고 말 것이기 때문에, 우리는 매우 기쁘다고 표현했고 갑판 위에 상을 차리라고 지시했다. 고물의 앞쪽에 우리와 관리들을 위해 양탄자를 깔았다.

조선인의 식사 관습은 일본 사람들과 비슷한 것 같았다. 손님들은 각자 자기 앞에 놓인 한 자 정도의 조그만 상을 받았고, 사용된 젓가락은 중국 사람의 것과 유사했다. 그러나 이 사람들은 고기를 썰기 위해 그들의 허리춤에 칼을 지니고 다녔다. 대부분의 음식들이 차가왔지만 맛이 있어서 우리는 배부른 식사를 할 수 있었으며, 이를 본 관리들은 크게 기뻐했다. 그분이 떠나기 전 나는 우리의 서신에 대한 회신이 언제나 올 것인가를 물었다. 답변은 "며칠 동안 평안한 마음으로 기다리라"는 것이었다. 며칠 전 나는 여러 가지 재고 품목의 목록과 배에 필요한 식량의 목록을 김에게 주면서 그것들을 살 수 있게 해달라고 부탁했다. 그러나 그 요청은 묵살되었고, 그래서 나는 그것들을 선물로 받고 싶다고 말했다. 그것들은 아직 도착하지 않았기 때문에 나는 또 다른 목록을 장군에게 주었는데 그는 다음날로 보내주겠다고 약속했다. 이때부터 제7일 사이에 다수의 또 다른 관리들의 방문을 받았는데 모두 똑같은 질문들을 반복했다. 어떤 사람은 우리의 화물에 특별한 관심을 보이면서 그 대가로 우리가 무엇을 받기를 원하는가 물었다. 이는 그들이 우리와 교역을 하고 싶다는 그들의 기대를 크게 기대할 만한 암시였다.

우리가 정박했던 처음 며칠 동안보다 나중에는 상대적으로 적어졌지만, 그럼에도 불구하고 그들은 자신들의 나라와 관습에 대한 질문에 답할 때마다 항상 의구심과 두려움을 감추지 못했다. 제27일째 되는 날, 집요한 설득 끝에 우리는 양이로 하여금 조선어 철자를 쓰게 하는 데 성공했다. 그리고 귀츨라프 씨는 주기도문을 한문으로 써서 그것을 그로 하여금 조선어로 읽게 하고 쓰도록 했다. 그러나 이를 본 양이는 만일 관리들이 이를 안다면 그의 목이 달아날 것이라는 뜻으로 그의 목을 손가락으로 긋는 시늉을 반복하면서, 아주 위험하다는 것을 표현했다. 그는 아주 초조하게 그 종이를 찢어 버려달라고 졸랐다. 그의 염려를 진정시키기 위해서 우리는 그가 보는 앞에서 그것을 금고에 넣고 잠갔으며, 아무도 이를 볼 수 없을 것이라고 그를 안심시켰다. 이 며칠 동안 나는 조선의 명칭을 여러 개의 한문으로 얻어내는 데 성공했다. 그러나 31일부터 그들은 모든 주제에 대해 한결같이 침묵했다. 우리는 여러 차례 해변으로 가지 말라는 강력한 제재를 받았지만 우리의 건강을 위해 운동을 하는 것이 필요하다는 이유로 매일 해변으로 나아갔다. 그럼에도 불구하고 그것을 제지하려는 어떤 시도도 없었다.

그들은 우리 편지의 회답에 대해 질문을 받을 때마다 "며칠 동안 평안한 마음으로 기다리라"고 한결같이 똑같은 대답을 했다. 그들은 우리가 어느 날 갑자기 떠날까 하고 염려하는 것 같았다. 이는 그들이 우리에게 필요한 물품을 공급해 주기를 회피하면서 단지 하루하루 일용할 것만 보내주는 것만 보아도 확실했다. 김과 그 장군은 지속적으로 우리를 방문했고 두 사람 다 우리에게 가장 친절한 감정을 보여주었다. 그 장군은 우리가 마냥 기다리고 있을 수밖에 없는 상황에 대해 자주 유감의 뜻을 표했고, 아마도 이는 상부로부터 받은 명령 때문인 것 같았다. 우리는 빈번히 많은 방문객들을 맞았다. 우리 배를 보고 싶은 호기심이 그들을 오게 했지만, 관리들은 그들이 배에 올라오는 것을 막지 않는 것 같았다. 우리는 그들에게 어떤 정보라도 얻어내려고 시도했으나 번번이 허사로 돌아갔다. 그 점에 있어서는 그들이 모두 엄격한 지시 하에 움직이는 것이 분명했다.

8월 7일, 우리가 정박하고 있는 곳에서 수 마일 떨어진 깊고 넓은 만의 북쪽 끝을 탐험하기 위해 몇 명이 긴 경정을 타고 나아갔다. 나는 이 멋지고 편만한 만을 방문한 것을 일지에 기록해 두었는데 이를 여기에 첨가한다. 그리고 현 실험 항해가 실현될 수 있도록 제안했던 전 회장에게 경의를 표하는 뜻에서 이곳을 '마조리뱅크스 항구'(Marjoribanks' Harbour)라 명명했다.

일지로부터 발췌 (2)

    8시 30분경, 우리는 신선한 남서풍과 강한 밀물을 타고 출발했으므로 빠른 속도로 달릴 수 있었다. 우리는 아름답고 푸른색으로 덮여있으며, 대부분 잘 경작되고 사람들이 거주하고 있는 수많은 작은 섬들이 산재해 있는 만의 서해안을 따라 항해했다. 마을 안에 있는 것은 모두 다 천편일률적이었다. 모든 집들, 심지어는 외딴집까지도 높은 울타리가 쳐있었고, 그래서 오직 보이는 것이라고는 초가지붕뿐이었다. 서쪽 연안 모두가 곧은 전나무들로 빽빽하게 덮여있었고, 이들 중 상당수는 선박의 원자재로 적합한 것이었으며, 이는 모두 결이 촘촘하고 테레빈유를 풍부하게 함유한 양질의 나무였다. 그러나 이곳에서는 이의 가치를 모르는 것 같았다.

    우리는 만을 하나하나씩 헤쳐나가면서 계속 진행했다. 숲의 경관은 녹색의 아름다운 오솔길을 따라 수시로 바뀌는데 일반적으로 그 끝에는 조그마한 마을이 자리 잡고 있었다. 우리가 만을 따라 나아가는 동안 만은 점점 더 넓어졌다. 만의 입구는 약 5마일 정도였는데 곧 그 넓이가 배인 10마일 정도로 넓어졌다. 그 깊이는 여울목과 암초들이 산재해 있어 일정하지 않았다. 그러나 대체로 배가 다닐 수 있는 길은 8길에서 12길쯤 되기 때문에, 측정만 잘하면 의심할 여지없이 어떤 크기의 배라도 항해할 수 있을 것이다. 입구로부터 16마일이나 18마일 떨어진 곳에서 만은 둘로 갈라졌다. 서쪽 편에는 육지의 곶으로부터 돌출한 두세 개의 긴 섬에 의해 형성된 좁은 통로가 있었고, 그래서 그것은 매우 긴 두 개의 만을 형성하고 있었다. 우리는 서쪽 해안을 따라 항해했는데, 우리의 목적들 중의 하나는 이 만이 형성하고 있는 땅이 섬인지 아닌지를 확인하는 것이었다. 우리의 동편에 있는 섬은 길이가 2마일 정도였고, 비옥했으며, 몇 개의 큰 마을들이 있었다.

우리는 언덕에 많은 가축들이 있는 것을 보았는데 크고 건장해 보였다. 섬 주민들이 우리를 보려고 몰려왔지만 남자들밖에 볼 수 없었다. 6마일 정도 더 항해했으나 만이 끝나는 곳은 여전히 먼 거리에 있는 것 같았다. 그래서 우리는 그 끝까지 가려던 계획을 포기하고 중앙에 있는 곶에 상륙할 수밖에 없었는데, 우리는 처음에 그곳을 섬이라고 생각했다. 우리는 높은 언덕으로 올라가 멋지고 광대한 경관을 만끽했다. 나의 눈길을 끈 첫 번째 광경은 우리로부터 약 1마일 정도 떨어진 언덕 위로 일단의 무리들이 서둘러 올라가는 것이었다. 망원경으로 자세히 보니 그들은 모두 여자들임이 판명되었는데, 어떤 이들은 어린아이들을 등에 업었고, 어떤 이들은 늙어서 지팡이를 짚고서 뒤뚱거리며 가고 있었다.

주위를 둘러보니 모든 길마다 급하게 내빼는 또 다른 무리들이 있었는데 그들 중 남자는 하나도 없었다. 그러므로 이는 우리의 갑작스런 상륙이 이런 공포를 조장했음이 분명했다. 도대체 무슨 이유가 혹은 무슨 생각이 이토록 터무니없는 의심과 경계심을 불러일으켰는가 상상조차 할 수 없는 일이었다. 그러나 이는 교육에 의해서 그들 마음속에 깊게 뿌리를 내리고 있는 편견과 전횡적이고 전제적인 정부의 가혹한 형벌에 의한 강요 때문임이 틀림없었다. 우리 배를 마주 대하고 있는 마을에서 우리는 곧 여자들이 곡식을 채로 거르거나 그들의 일터로 아이들을 데려가기 위해 나오는 것을 보았다. 심지어는 우리 일행이 해변에 있을 때조차도 여자들은 울타리 뒤에 숨어서 낯선 사람들을 훔쳐봄으로써 성(Sex)에 대한 본능적인 호기심을 보여주었다. 그러나 그들은 대체적으로 남자들에 의해 혼쭐나게 쫓겨 들어갔다.

여자들의 옷차림은 마카오에서 노예들이 입는 옷과 아주 흡사했다. 저고리는 짧았고 머리는 아무런 장식도 없이 머리 꼭대기에 묶었으며, 모자 같은 것도 쓰지 않았다. 그렇지만 우리는 성능이 좋은 망원경으로 약 반 마일 정도 떨어진 곳에서 관찰했을 뿐, 더 이상 가까이서 볼 수 있는 기회가 없었다. 그들은 대체로 건강했으나 그들의 남편들로부터보다 사려 깊은 대접을 받는 것 같지는 못했다. 왜냐하면 우리는 거의 날마다 여자들이 마을 앞에서 다양한 종류의 노동을 하는 것을 본 반면, 남자들은 떼를 지어 여기저기로 어슬렁거리며 다니거나 명석 위에 눕거나 할 뿐 여자들의 일을 도와줄 생각도 안 하고, 우리 배들 중 하나라도 해안에 가까이 가면 여자들을 마을 안으로 쫓아 보내는 것을 제외하고는 말을 거는 적도 별로 없었기 때문이다. 우리는 반복해서 우리가 조선 여자들을 쳐다보는 것조차 극단적인 공포감을 야기하는 그 불가사의가 무엇인가 알려고 노력했다.

우리가 있는 언덕에서 서쪽으로 확 트인 바다를 바라보았을 때 만의 서편을 형성하고 있는 긴 곶이 좁다란 수로에 의해서 육지와 분리되어 있음을 발견했다. 밀림과 숲이 여기에서 끝나고, 그 반대편은 잘 경작되었으며 나무들이 우거져 있었다. 서쪽에 있는 만은 우리가 있는 곳 위로 7, 8마일 뻗어있었으나 북북동 방향으로 가는 동쪽만의 끝은 볼 수 없었다. 만일 선교용 지도에 있는 수도의 위치가 정확하다면 이곳은 우리를 수도로부터 70마일이나 80마일 정도까지 다다르게 한 것임에 틀림없다. 우리는 관리들을 태운 배들 모두가 이 방향으로 오는 것을 보았다.

우리는 시간적 여유가 없었으므로 주변 언덕에 가득히 운집해 있는 주민들과 대화도 나누지 않고 언덕에서 곧장 배로 돌아왔다. 곧 우리는 우리가 보았던 입구가 정말로 바다와 통하고 있는지 확인하기 위해 가로질러서 반대편 해안에 상륙했다. 이곳의 지협은 그 넓이가 부분적으로 1마일을 넘지 않는 것 같았다. 그 섬의 주민들을 만났을 때 그들은 이 섬을 육지로부터 분리시키는 수로가 있다고 했다. 이 섬의 길이는 약 20마일 정도였고 넓이는 일정하지 않게 1, 2마일 정도였으며 넓은 곳은 6, 7마일이나 되는 곳도 있었다. 이 섬은 완전히 숲으로 우거져 있었는데 섬 주민들에 의하면 호랑이가 살고 있다고 했다. 조수가 바뀌었으므로 우리는 돌아갈 차비를 했다. 그러나 바람이 우리를 향해 정면으로 불어왔기 때문에 우리는 10마일 이상 전진할 수 없었다. 그래서 우리는 만의 입구에서 10마일 떨어진 만의 중앙에 있는 일련의 섬들과 나란히 있는 한 해안에 닻을 내리고 그 밤을 지냈다. 그리고 이튿날 아침 6시경에 모선에 도착했다.

귀환하자마자 나는 리스 선장으로부터 우리가 떠난 직후 나이 먹은 김대진이 배를 타고 찾아왔다는 소식을 들었다. 그런데 그 배 안에는 오래전에 수도로 보내주겠다고 수차 다짐받았던 편지와 왕에게 보내는 세 상자의 선물뿐만 아니라, 여러 차례 관리들과 다른 사람들에게 주었던 하찮은 선물들과 몇 야드밖에 안 되는 옥양목까지도 고스란히 있었다고 했다. 김은 이것들을 접수해 달라고 애원했으나 리스 선장이 단호하게 받기를 거부했기 때문에 그는 조금 있다가 대단히 불편한 심기로 해안에 돌아갔다고 했다.

오전에 귀츨라프 씨와 나는 해안으로 갔다. 우리는 김 외에 어떤 관리들도 보지 못했다. 나는 그에게 다음과 같은 질문들을 했다. "왜 편지와 선물들을 보내지 않았는가? 왜 우리가 요구한 식량을 보내주겠다고 거짓 약속을 해 우리를 속였는가?" 그는 수도에서 고위 관리가 오고 있는데 이튿날 그가 우리를 방문하여 모든 것을 설명할 것이라고 대답했다. 몇 가지 더 이야기를 나눈 후에 그는 이튿날까지 식량을 보내주겠다고 맹세했다.

9일에 우리는 우리의 청원에 대한 회답을 가지고 온 고대하던 특사의 공식적인 방문을 받았다. 그는 김과 장군과 이(Le)를 대동하고 왔다. 이(Le)는 지난 열흘 동안 보이지 않았는데 그가 수도에 갔다 왔을 것이라는 의심이 강하게 들었다. 특사는 우대진이라는 사람인데 사십 대의 남자로 중국산 비단으로 우아하게 만든 옷을 입었다. 많은 형식과 겸양을 갖춘 소정의 소개 의식이 끝난 후 우리는 관리들을 선실로 안내했다. 그리고 그들의 요청에 따라 갑판 위에 양탄자를 깔았다. 그리고 다음과 같은 대화들이 오고 갔는데 나는 중국어 문자로 된 사본을 그대로 보관했다. 이는 조선인이 진실에 대해 얼마나 무관심한가를 잘 보여주고 있으며, 이 나라가 외국과의 교역을 거부하는 약간의 원칙적인 설명을 제공해 준다. 대화는 특사인 우대진에 의해 전부 구술되었다.

조선 관리: 귀하가 대양을 횡단할 때 위험과 어려움이 있었을 것입니다. 진실로 우리는 동정을 느끼며 어떤 부상도 입지 않기를 바랍니다.

영국 관리: 귀하의 염려에 대해 감사를 드립니다. 하늘의 도우심으로 이곳까지 무사하게 왔습니다.

조선: 무엇 때문에 이처럼 먼 거리를 오셨습니까?

영국: 그 이유는 귀국의 왕께 드리는 서신에 이미 보고드린 것처럼 우리 두 나라가 우호적인 통상교역의 관계를 갖고자 함입니다.

조선: 우리나라는 지금까지 청국(Tasing Empire)의 속국이었으며 청국은 우리의 종주국입니다. 일개 속국이 감히 어떻게 다른 나라와의 교역을 비밀스럽게 추진할 수 있겠습니까?

영국: 시암 (Siam)[112]과 코친차이나(Cochin China)[113] 두 나라 다 중국의 속국입니다. 조선도 이 두 나라와 같은 상황에 처해있습니다. 그러나 중국과 이 두 나라는 그들과 교역하기 위해 우리 배들이 입항

---

112 시암은 지금의 태국을 말한다(역자 주).

113 코친차이나는 현재 베트남 최남부 지방으로 종종 '코친'이라고 불린다(역자 주).

하는 것을 허가해 주었습니다. 오직 귀국만이 대영제국과 교역하기를 꺼리고 있습니다. 왜 다른 나라들처럼 할 수 없습니까?

조선: 우리나라는 중국 제국과 근접해 있으므로 우리 종주국의 지시와 재가가 없이는 대소사 간에 새로운 세관을 스스로 세우는 것을 감히 생각할 수도 없습니다.

영국: 시암과 코친 역시 중국과 근접해 있지만 그들은 외국과의 교역을 거부하지 않습니다.

조선: 우리나라는 그렇게 행하지 않습니다. 예전부터 지금까지 우리는 제국의 결정에 따를 뿐입니다. 단호하게 말씀드리자면, 귀하의 건에 대해서는 감히 허가할 생각도 못 합니다.

생각해 보니 조선 사람들이 막무가내로 자신들을 중국의 봉신으로 칭할 권리를 가졌고, 만일 그들이 그렇게 하기로 마음먹었다면, 이 시점에서 더 강요해 보아도 아무런 효과가 없을 것이 분명해 보였다. 그래서 나는 이렇게 대답했다.

영국: 만일 그렇다면, 내가 귀국해서 나의 상관들에게 보고할 수 있도록 나의 청원에 대한 폐하의 답변만 요청하겠습니다. 이는 단지 만국의 관례에 따른 것입니다.

조선: 우리나라의 관례는 그런 일을 허락할 수 없습니다. 지방의 관리는 이를 감히 수도에 보고할 수 없습니다. 수도에 있는 관리만이

왕께 그런 일을 보고할 수 있습니다.

영국: 그렇다면 그 거부가 왕에게서 나온 것이 아니라 관리로부터 나온 것이라고 이해할 수밖에 없습니다. 그러면 모든 일을 전하께서 결정하시도록 그에게 아뢰겠다고 우리에게 계속 확언했던 것과는 모순되지 않습니까?

조선: 이 일은 우리의 법에 저촉되므로 고위 관리들이 감히 왕께 보고드리지 못한 것입니다.

영국: 그러나 우리는 이 건이 왕께 접수되었다는 분명한 전말을 받았기 때문에 그의 결정을 기다리고 있는 것입니다.

조선: 누가 당신들에게 그렇게 전했습니까?

이 질문에 대해 우리는 배석한 다른 두 관리를 가리켰고, 우(Woo)는 주저함 없이 대답했다. 즉 그들이 우리에게 말한 모든 것이 거짓이었고, 서신과 선물을 공적으로 받은 두 관리, 김과 리는 늙고 무능력함에서 오는 무지와 어리석음 때문에 그렇게 행하였고, 그들은 범죄하였으며 그래서 '푸찡쓰'(중국어로 출납 관리를 의미함)에 의해 고발될 것이라고 했다. 그들은 무슨 일이 있어도 이 일을 왕께 감히 보고할 수 없다고 했다. 이에 회답하여 나는 거짓 구실로 인해 거의 3주 동안 붙들려 있었던 것에 대해 대단히 불쾌하게 생각한다고 말했다. 동시에 왕이 우리의 도착에 대해 전혀 모른다는 사실을 믿을 수 없다고 암시했다. 우대진은 모든 책임을 김과 리에게 전가하기로 마음을 굳힌 듯했다. 그들이 모두 배석해 있었음에도 불구하고 그는 재차 모든 일이 그들의 어리석음과 무지로 인한 것이었다고 주장했다. 이 주제에 대한 토론이 얼마간 더 진행된 후에 우는 출입구로 가서 바로 가까이에 있는 서신과 선물들을 배에 들여놓으라고 명령했다. 그러나 나는 즉시 그를 붙잡아 다시 앉기를 요청하고 이렇게 말했다.

"이 서신과 선물들은 공식적인 회담에서 접수된 것입니다. 그리고 이것들을 당신들의 왕께 전달하겠다는 확실한 약속도 있었습니다. 더욱이 우리는 당신들의 요청에 의해서 3주 동안이나 이곳에 지체하고 있었는데, 그것은 곧 도착할 것이라고 우리에게 날마다 확언했던 회답을 기다리고 있었기 때문입니다. 지금에 와서 우리는 이 일이 전하에게 보고된 적이 없었고, 귀국 관리들의 거짓 성명에 의해 속았다는 말을 무례하게 듣고 있습니다. 우리는 이를 믿을 수 없습니다. 그리고 나는 이같이 갑작스럽고 불경한 태도로 서신과 선물들이 나에게 던져져 반환되는 것을 결코 허용할 수 없습니다. 당신들의 터무니없는 행동을 뭔가 설명해 주는 공식적인 서신이 동반되지 않는 한 나는 이것들을 접수할 수 없습니다. 이는 본국에 있는 나의 상관에게 나 자신의 정당성을 입증하기 위해 꼭 필요한 것입니다"

우대진은 지금까지는 스스로 만족해하고 오만한 자세를 유지했다. 확실히 자신이 원하는 대로 모든 일들이 진척되리라고 기대했었다. 그러나 내가 서신과 선물들을 호락호락 받아들이지 않겠다고 결심한 것을 보고는 완전히 냉정을 잃어버렸다. 그리고 아주 간곡한 태도로 나의 동정을 구하는 몸짓을 하면서 한 마디도 알아들을 수 없는 조선말로 나에게 연설하는 것이 그의 마음이 심히 동요되고 있음을 보이고 있었다. 그는 나의 손을 몇 번이나 붙잡고 거의 땅에 닿도록 절을 하면서, 만일 내가 끝까지 거부한다면 자기의 목이 달아나고 창자가 터져 나올 것이라고 몸짓으로 시늉했다. 나는 여기서 여러 관리들의 반복된 약속에도 불구하고 우리가 원했던 양식이 조달되지 않은 것에 대해 주시하지 않으면 안 되었다. 그리고 우리들 사이에 지속되었던 어떤 형태의 우정도 이제는 의심치 않을 수 없었기 때문에 나는 이 시점에서 문제를 한꺼번에 해결하는 것이 현명하다고 생각했다. 그래서 나는 우대진에게 그들이 지금까지 우리를 대해온 불만족스런 태도를 다시 지적하고 덧붙이기를, 우리가 요구한 양식이 도착할 때까지는 어떤 공적인 일에 대해 한마디도 듣지 않겠다고 했다. 그리고 그 양식에 대해서는 값을 지불하겠다고 덧붙였다.

우(Woo)는 그 식량과 함께 서신을 되돌려받겠다는 약속을 얻으려고 나를 유도하려 했다. 그러나 나는 명백하고 단호하게 이 일에 관해서는 어떤 약속도 할 수 없다고 말했다. 귀츨라프 씨와 나는 그들을 떠났고 관리들은 한동안 서로 상의했다. 우(Woo)는 크게 염려하며 실망에 빠진 듯했으나 다른 관리들, 그중에서도 특히 그 장군은 그가 당황해 하는 것을 오히려 고소해 하는 것을 명백하게 볼 수 있었다. 이는 마치 우(Woo)에게 "그것 봐. 내가 전에 그렇게 말했잖아. 이제 너는 이 외국인들이 그런 식으로 호락호락 넘어가지 않는 것을 봤지" 하고 말하는 것 같았다. 우(Woo)는 우리를 대화 속으로 끌어넣으려고 유도하기를 계속 시도했지만 나는 한결같이 "우리가 요청한 식량을 받고 나서야 다른 주제들에 대해 의논할 수 있다"고 대답했다. 결국 그들은 아무 소용도 없는 줄 알고 어디론가 떠나가 버렸다. 이튿날 아침에 우리가 요청한 식량이 도착했는데, 이는 황소 두 마리와 동인도인 선원들을 위해 소금에 절인 생선과 생축을 위한 푸짐한 사료들과 우리가 먹을 야채들이었다.

나는 우리를 그토록 오랫동안 붙잡아 두고 있다가 갑작스럽고도 무례한 태도로 우리를 떠나보내려고 하는 조선 정부의 우리를 대하는 태도에 대해 불평할 수 있는 당연하고도 강력한 이유가 있다는 것을 피력하지 않을 수 없었다. 우대진의 거듭된 부인에도 불구하고 나는 그가 우리와 교역하는 것을 허용치 않기로 최종 결정한 왕의 명령에 따라서 행동하고 있다는 것을 조금도 의심치 않왔다. 게다가 그는 이 일이 그들의 법에 저촉되므로 이를 왕에게 보고할 수 없다고 우리를 설득하려고 노력했다. 지금까지 우리가 상대했던 모든 관리들이 공인되지 않은 거짓말쟁이들이라고 단언하는 우(Woo)의 뻔뻔하고 비양심적인 태도는 중국 외교관들에게서조차 찾아볼 수 없는 아주 천박한 것이었다. 이 사람들과 통상 관계를 수립하려는 모든 희망을 현재로서는 포기하지 않으면 안 되는 것이 분명했다. 그러나 우리가 떠난 후에도 영국인의 품위에 대해 좋은 인상을 남기는 것이 또 하나의 목적이었고, 이는 가까운 장래에 우리에게 베푼 물질적 도움이 합당했다는 것을 입증하기 위함이었다. 만일 그들이 의도했던 대로 서신과 선물들을 무례한 태도로 우리에게 되돌아오도록 허락했다면, 특히 공식적인 서류 없이는 받아들이지 않겠다고 한번 단언한 후에 그렇게 했다면, 이는 그들의 예상대로 우리의 품위가 한없이 떨어졌을 것이고, 그래서 나는 이 결정에서 한 발자국도 움직이지 않겠다고 결심한 것에 대해 크게 만족할 수 있었다. 나는 이런 나라들과의 교역에 있어서 진실에서 벗어나지 않는 인격이 가장 먼저 수립되어야 한다고 생각했다. 그리고 그것은 어떤 경우에 있어서도 거짓을 말할 수 있는 중국과 조선의 외교관들에 비해 도덕적으로 우월함을 보여주는 것 외에도, 일반적으로 그들의 간계나 술책에 맞서는 것보다 훨씬 더 나은 것임을 증명해 줄 것이다.

여러 가지 시시한 일들로부터 시작해서 상당한 질투가 관리들 사이에, 특히 우(Woo)와 거짓말쟁이로 누명을 써서 심기가 몹시 상해있는 그 장군 사이에 존재하고 있는 것을 우리는 명백히 감지할 수 있었다. 내가 서신과 선물들을 받기를 거절하는 것에 대해 우(Woo)가 당황하는 것을 보고 그는 고소해하는 것이 역력했다. 다른 두 사람, 김과 이(Le)는 그들의 의논 과정에서 작은 몫을 가지고 있었지만 그럼에도 불구하고 우리에게 호감을 가지고 있다는 것을 확신할 수 있었다. 현재와 같은 상황 아래서 우리가 할 수 있는 모든 일은 현재의 실패로부터 시작하여 장래의 유익을 추구하는 것이다. 따라서 이에 대한 가장 효과적이고 가능한 방법은 우리와 관련된 일들에 대해 진실되고 정확한 보고가 왕에게 전달되어서 관리들의 나쁜 평판이 공적인 문제가 되도록 하는 것이다. 이런 목적에서 귀츨라프 씨는 중국어로 문서를 작성하였고 거기에다 번역을 첨가했다. 이 문서는 네 부가 만들어졌는데 이는 관리들이 승선할 때 각 사람에게 나누어 주기 위함이었다. 이 문서 안에 담겨진 어떤 내용들은 그것이 비록 사실일지라도 본질상 그리 유쾌한 것은 못되지만, 그럼에도 불구하고 그들 사이에 존재하는 질투는 이 문서가 공개되도록 하는데 일조할 것이다. 그 문서는 다음과 같은 양식으로 쓰였다.

왕의 검토를 바라는 진정서

공자가 말씀하시기를, "먼 곳에서 친구가 오면 그것은 기쁜 일이 아닌가?"라고 하셨습니다. 이제 영국 배가 수만 리 떨어진 먼 곳으로부터 편지와 선물들을 가지고 왔는데 그로 말미암아 기쁘지 아니합니까?

우리 영국인들이 귀국의 변경인 장산에 이르렀을 때, 주민들 외에는 아무도 만나지 못했고, 어느 관리와도 조우하지 못했습니다. 그래서 우리는 그곳에 지체치 아니하고 루타오우(Luh-taou)[114]로 갔습니다. 그곳에서 우리는 '간-케양'(Gan-keang: 한문으로 '安港'의 뜻)[115]으로 들어오라는

---

114 '록도'의 중국식 표기이다(역자 주).

115 귀츨라프와 린지가 타고 온 배가 서해안 어느 섬에 정박했는지에 대해서는 귀슬라프와 린지 어느 누구도 구체적으로 명시하지 않아, 혹자는 고대도라 주장하고, 다른 사람은 원산도라고 주장한다. 그러나 순조실록 32권, 순조 32년 7월 21일 자 기록에 따르면, 공충 감사(公忠監司) 홍희근(洪羲瑾)이 장계에서 보고한 내용이 나오는데, 그는 "6월 25일 어느 나라 배인지 이상한 모양의 삼범죽선(三帆竹船) 1척이 홍주(洪州)의 고대도(古代島) 뒷 바다에 와서 정박하였는데, 영길리국(英吉利國)의 배라고 말하기 때문에 지방관인 홍주 목사(洪州牧使) 이민회(李敏會)와 수군 우후(水軍虞候) 김형수(金瑩綬)로 하여금 달려가서 문정(問情)하게 하였더니, 말이 통하지 않아 서자(書字)로 문답하였는데, 국명은 영길리국(英吉利國) 또는 대영국(大英國)이라고 부르고, 난돈(蘭墩)과 흔도사단(忻都斯担)이란 곳에 사는데 영길리국·애란국(愛蘭國)·사객란국(斯客蘭國)이 합쳐져 한 나라를 이루었기 때문에 대영국이라 칭하고, 국왕의 성은 위씨(威氏)이며, 지방(地方)은 중국(中國)과 같이 넓은데 난돈(蘭墩)의 지방은 75리(里)이고 국 중에는 산이 많고 물은 적으나 오곡(五穀)이 모두 있다고 하였고, 변계(邊界)는 곤련(昆連)에 가까운데 곧 운남성(雲南省)에서 발원(發源)하는 한줄기 하류(河流)가 영국의 한 지방을 거쳐 대해(大海)로 들어간다고 하였습니다. 북경(北京)까지의 거리는 수로(水路)로 7만 리이고 육로(陸路)로는 4만 리이며, 조선(朝鮮)까지는 수로로 7만 리인데 법란치(法蘭治)·아사라(我斯羅)·여송(呂宋)을 지나고 지리아(地理亞) 등의 나라를 넘어서야 비로소 도착할 수 있다고 하였습니다"라고 조정에 보고했다. 순조실록은 분명히 암허스트 호가 고대도 뒷 바다에 와서 정박하였다고 밝히고 있기 때문에 이는 더 이상 논란의 대상이 되지 않는다.

관리들의 영접을 받았습니다. 거기에서 우리는 김과 이 두 관리에게 공식적으로 서류와 선물들을 전하면서 폐하께 전달되도록 해달라고 공손히 요청했고, 그들은 이를 약속했습니다. 그리고 우리가 오랫동안 항해를 했기 때문에 우리의 필요한 것들을 공급해 달라고 요청했습니다. 관리들은 이것 역시 그렇게 해주겠다고 약속했습니다. 며칠 후에는 사절들이 배에 와서 그 편지와 선물들은 수도로 보내졌다고 우리들에게 알려주었습니다. 우리가 어떻게 그것을 의심할 수 있었겠습니까? 파견된 관리들이 계속해서 우리를 찾아왔으며, 배와 관련된 모든 사항들을 조사했습니다. 그리고 우리나라에 대한 많은 질문들도 있었습니다. 이 모든 것이 폐하께 자초지종을 말씀드리려는 것이라 해서 우리는 명백하게 답변해 주었습니다. 그들은 떠날 때 한결같이 우리의 청원에 대한 회답을 조용히 기다리라고 했습니다.

이제 '헌대부'(heen-ta-foo)[116] 관리인 우가 저희 배를 찾아와 이렇게 고했습니다. 첫째로, 조선은 중국의 속국이므로 중국 황제의 어명에 복종한다. 둘째로, 이 나라의 법은 중국을 제외한 모든 나라들과의 교역을 금하고 있으므로 관리들은 감히 이 문제를 왕에게 보고하지 못했다.

먼저 첫 번째 말은 잘못된 것입니다. 쓸데없이 귀국의 품위만 떨어뜨릴 뿐입니다. 우리는 조선 왕조가 그 자체의 법에 의해 통치되고 있으며, 자주적으로 왕에 의해 다스려지고 있음을 알고 있습니다. 이 나라는 결

---

[116] 헌대부는 조선조 때 사헌부를 달리 부르던 말이다(역자 주).

코 어떤 외국 군주의 법령도 따라서는 안 됩니다. 중국 제국의 통계 자료에 의하면, 조선이 속국이라 했지만, 더 이상 그럴 수는 없습니다. 코친이나 시암도 같은 중국의 속국들이지만, 우리는 이 나라들과 함께 교역을 하고 있습니다. 그런데 왜 유독 조선만 교역을 할 수 없습니까? 또한 우리는 조선이 일본과 교역하고 있다는 것도 인지하고 있습니다. 그들은 외국인이 아닙니까? 그런데도 귀국은 여전히 중국을 제외한 다른 나라들과의 교역을 불법이라고 주장합니까?

고위 관리들은 그들이 감히 보고할 수 없었다고 말하지만 귀국의 수도는 그리 멀지 않은 거리에 있습니다. 그런데 외국 배가 도착한 것 같은 심상치 않은 상황을 왕이 듣지 못했다는 것은 납득할 수 없습니다. 그리고 만일 왕께서 들으셨다면 그 관리들이 그 상황을 보고 드리지 않았다는 것은 더욱더 이상한 일입니다.

선물들에 관해서는 처음에 귀국은 그것들을 공식적으로 접수했으나, 그러고 나서 무례하게 거절했습니다. 그렇게 함으로써 귀국은 가장 우호적인 의도를 가지고 이곳을 찾아온 외국인들을 크게 모욕했고 모든 예의에서 벗어났으며, 이는 우대진이 관리들이 왕의 윤허도 없이 독자적으로 그렇게 했다고 주장할 때 더욱 그러했습니다.

관리들과 주민들에 대한 우리의 감정은 우호적이며, 나쁜 의도는 전혀 없습니다. 그러함에도 불구하고 우리가 귀국의 적이라도 되는 것처럼 의심의 눈총을 받아야만 합니까? 우리가 묻는 것에 대해 귀국은 대답하기를 거부했습니다. 우리가 마을로 들어가는 것도 금했고 주민들과 대화하려는 시도도 막았습니다. 어제는 무고한 주민들이 단지 우리 배를 방문하기 위해 왔다는 이유로 체벌을 받았습니다. 우리에게 이런 행위는 모욕적인 것이라고 생각하지 않을 수 없습니다. 우리가 우호적인 호의를 갖고 왔다는 증거로 우리는 천문학, 지리학, 그리고 역사에 관한 논문 등 다양한 종류의 책자들을 주민들에게 배포했고, 이 모두가 교훈적이며 재미있는 것들입니다. 이에 더해 우리는 우리가 믿는 종교의 교리와 하나님과 예수의 참 계시를 수록한 책자들을 주민들에게 나누어 주었습니다.[117] 이 책자들은 만일 호의를 가진 사람이 주의 깊게 읽는다면 아주 유익할 것입니다. 공자께서 "사대양 안의 모든 인류가 다 형제들이라"고 말씀하셨습니다. 전하께서 이 원리를 존중하고 따르실진대 어떻게 외국인과의 교역을 금하실 수 있습니까?

혹시 본국인들이 외국인들과 교역을 하게 되면 그들의 전통적인 관습과 법을 타파하는 결과를 낳지는 않을까 말하는 사람이 있을 것입니다. 그렇지만 귀국의 관습과 외국의 관습들을 잘 비교해 보면 어느 것이 더 좋은 것인지 알 수 있는 계기도 되지 않겠습니까? 만일 귀국의 것이 좋다면 그대로 유지하고, 그렇지 않다면 바꿈으로써 유익이 되지 않겠습니까?

---

[117] 아마도 중국어로 번역된 소요리문답과 성경을 배포한 것 같다(역자 주).

혹시 우리나라는 가난한데 어떻게 당신들과 교역할 수 있겠느냐고 말씀하실 수도 있습니다. 이에 대해 우리는 이렇게 답변할 수 있습니다. 우리나라 사람들로 하여금 이곳에 와서 교역할 수 있도록 허락해 주신다면 귀국에 금과 은이 넘칠 것이며, 공부의 세입이 증가할 것입니다. 그리고 나라의 부와 번영이 급속도로 진전될 것입니다. 이런 이유 때문에 중국과 일본은 외국과의 무역을 장려하고 있습니다. 어찌해서 귀국은 이웃 나라들이 행하고 있는 좋은 모범을 따르지 않습니까?

결론적으로, 우대진의 주장에 의하면 관리 김과 이는 둘 다 늙고 어리석다고 합니다. 우리가 여태껏 이곳에 묶여있었던 것도 다 그들의 무지와 잘못된 행동의 소치라고 합니다. 귀국과 우리나라 양국의 교훈은 노인들을 공경하라고 가르치고 있습니다. 이 두 관리들은 모두 경험이 많은 사람들이며 귀국의 법을 잘 알고 있습니다. 그들은 상부의 지시 없이는 그렇게 행할 리가 없습니다.

외국인으로서 우리는 여러 나라들과 교역을 해왔습니다. 그러나 이곳처럼 주저함과 비밀로 일관하는 곳은 전혀 보지 못했습니다. 우리가 귀국의 지도와 고대 역사와 관습에 관한 책들을 갖고 있었음에도 불구하고 이런 사실을 알지 못했습니다. 이곳에 도착한 이후로 우리는 근방의 여러 지역들을 방문했습니다. 어디에서나 우리는 조잡한 오두막에 사는 가난하고 빈약한 사람들과 울창한 숲과 밀림, 그리고 약간의 경작된 밭을 보았습니다. 귀국과 이웃 나라들 사이에 얼마나 큰 차이가 있는

지 모릅니다. 이는 외국과의 교역을 금하고 스스로 고립시킨 결과인 것 같습니다. 만일 이런 관습을 계속 고수하지 않는다면, 이웃 나라들 이상으로 번성하고 번창하게 될 것입니다.

끝으로, 정중하게 간청하옵나니 장래에 어떤 영국 배가 일상용품이 필요해 정박하거든 바로 공급해 주시기를 바랍니다. 또한 불행하게도 배가 귀국의 해안에서 조난을 당하면 승무원들의 생명을 구해주시고 그들을 친절과 자비로 대해주시며, 그들이 본국으로 송환될 수 있도록 북경으로 보내주시기를 기원합니다. 그렇게 함으로써 귀국은 그의 신하의 생명을 존중히 여기는 대영제국의 왕께 은혜를 베푸시는 것이 될 것입니다. 어떤 일이 일어날 때 폐하에서는 이러한 은전을 베풀어 주시기를 진심으로 바라나이다. 우리는 이제 결실 없는 물질의 손해를 감수하고 더 이상 우리의 시간을 낭비하지 않기 위해 떠나고자 합니다. 귀국의 번영과 안녕을 기원합니다.

서명
후헤미(Hoo Hea-me)
귀리(Kea-le)[118]

태광 12년 7월 15일

---

118 이는 귀츨라프의 중국식 이름이다(역자 주).

아침 일찍이(8월 11일) 네 명의 관원들이 편지와 선물을 가지고 배로 왔다. 나는 각자에게 각서 한 통씩 나누어 주었으며 그들은 주의 깊게 읽었다. 아주 기민한 사람인 장군은 몇 줄을 크게 읽더니 그것에 대한 의견을 말했다. 그는 확실히 각서에 대해 기분 나빠하지 않았다. 반대로 우는 출입구에 있는 보초가 선물들을 배로 들여놓는 것을 허락지 않는 것을 보고 특별히 큰 근심과 놀라는 모습을 보였다. 이 점에 대한 그의 간청에 응답하여 나는 경위를 설명하는 공식 문서를 대동하지 않는 한 이를 단호히 거부하겠다는 나의 의도를 이미 분명하게 설명했다고 했다. 나는 이 문제에 대해 확고부동한 결심이 섰기 때문에 그리 빨리 이를 번복하지 않을 것이라는 나의 의견을 개진하였다. 일이 역전되어가는 것이 입증되지 않고서는, 내가 한 말에서 벗어나는 것보다 그 선물의 가치를 희생시키는 것이 더 낫다는 생각이 들었다.

오후에 우리가 떠나는 것을 다루기 위해 우리는 마을에 있는 관리들을 찾아갔다. 그들은 우리를 최대한의 예의를 갖추어 영접했고 그들의 소원하는 바대로 승낙받기 위해 나를 설득하려고 애를 썼다. 단지 우 한 사람만이 근심스러운 모습을 하고 있었다. 다음 날 아침 우리가 닻을 올리고 있는 동안 장군이 혼자 찾아왔다. 우가 그를 보냈는데, 우리들에게 다른 어떤 사람들보다도 그가 더 큰 영향력을 가지고 있다는 생각에서였다. 이 점에 있어서는 그가 옳았다. 이 관리의 한결같은 유쾌하고 신사다운 처신은 우리들 모두에게 존경과 호감을 샀다. 현 상황에 대해 그는 파송 받은 소기의 목적을 달성하겠다는 어떤 기대도 갖고 있지 않음이 확실했다. 그의 전언의 취지를 한번 설명하고는 다시는 그 주제에 대해 언급하지 않았다. 이날 그는 전에 보여주었던 것보다 훨씬 더 표현하는 데 있어서 주저하지 않았는데, 이는 이런 식으로 헤어지는 것에 대해 아주 깊이 미안해하는 것 같았다. 한 번은 그가 "당신들은 수만 리 먼 곳에서 선물을 가지고 우리를 찾아왔습니다. 그러나 우리는 합당치 않은 예절로 당신들을 대접하였습니다. 슬프도다. 슬프도다. 이것이 우리의 법이로구나" 하고 쓴 적이 있었다.

나는 왕실 근처에 중국인이 혹 있는가 하고 물었다. 그는 몇 사람이 있다고 대답했다. 그러나 왕으로 하여금 우리와 교역하는 것을 거부하도록 유도한 그들의 간섭이 있었던 것 같지는 않았다. 조선의 고대사를 말하면서 나는 이 나라가 중국으로부터 확실히 독립한 나라임을 증명하는 한 비사를 언급했다. 타타르(Tatar)[119] 왕조가 시작되었을 때 그들은 지금보다 더 많은 영향력을 조선에 행사했었다. 그들은 조선인들에게 머리를 밀도록 강요했고 몽고인 옷을 착용시키려고 했다. 이 조선인들은 아주 용감하게 저항하였고, 결국 이 나라로부터 중국 몽고인들을 추방해 냈을 뿐만 아

---

119 몽골 제국을 말하며 후에 원나라로 이름을 바꾸었다(역자 주).

니라 요동(Leaou-tung)의 상당 부분을 빼앗았다. 장군은 이를 듣더니 그의 눈이 빛나면서 힘을 주어 몇 번씩이나 "그렇군요"를 반복했다.

그러나 그는 붓을 들어 "이것이 이 나라에 대한 사건들이군요. 나는 그 상황들에 대해 무지했습니다"라고 썼다. 장군 자신과 다른 두 관리들 김과 이를 위해 술을 몇 상자 해안으로 보내려는 나의 호의에 대해 그는 격한 감정으로 이를 거절하면서 "우리는 당신들을 무례하게 대접했는데 당신들은 끝까지 우리들을 친구로 여기며 선물까지 주시는군요. 유감스럽습니다. 유감스럽습니다" 하고 말했다. 그리고 한순간에는 거의 눈물을 글썽거렸다. 마지막 이별의 순간 우리는 그의 정부의 행동에는 기분이 몹시 상했지만 그 자신과 김과 이가 보여준 친절의 추억을 항상 간직하겠다고 힘주어 말했다. 김과 이는 장군에게는 못 미치지만 우리들에게 항상 친절하고 예의 바르게 행했다. 장군은 의심 많고 교양 없는 조선인들 중에 그 누구보다 더 나은 복을 받을 자격이 있는 사람이라고 생각지 않을 수 없었다.

이 땅을 떠나면서 우리는 가능한 한 정확하게 외곽 섬들의 위치를 뒤로하고 조선의 다도해 외곽을 항해하며 남쪽으로 나아갔다. 우리는 이틀 동안 청명한 날씨와 미풍으로 인해 순항할 수 있었다. 이미 앞에서 언급한 리스 선장이 작성한 해도는 그의 관측 결과가 얼마나 정확한가를 보여주었고 앞으로 이 해안 부근으로 접근하는 항해자들에게 도움을 줄 것이 분명하다. 17일에 우리는 퀘파트(Quepaert)[120] 섬을 보았는데 우리가 보았던 조선의 어떤 섬들보다도 잘 경작이 되어있는 듯했다. 21일에 우리는 유황섬(Sulphur Island)을 통과했다. 우리는 그 섬에 닿을 수가 없어서 우리가 의도했던 곳에 상륙할 수 없었다. 우리는 바람 불어가는 쪽으로 약 6마일 정도 나아갔다. 분화구에서 분출되는 연기의 양은 미미했다. 다음 날 정오에 우리는 나파기앙(Na-pa-kiang)[121] 만에 닻을 내렸다

---

120 Quelpart의 옛 표기이며 이는 지금의 제주도를 말한다. 귀츨라프 일행은 제주도는 머물지 않고 그냥 지나친 것으로 보인다(역자 주).

121 루추(Loo Choo) 섬의 일부로서 현재 오키나와 섬의 나하(Naha) 항만을 가리킨다(역자 주).

한국 개신교 최초의 선교사
칼 귀츨라프

초판 1쇄 발행 2025년 08월 22일

지은이 최완기
펴낸이 류태연

펴낸곳 렛츠북
주소 서울시 영등포구 문래북로 116, 1005호
등록 2015년 05월 15일 제2018-000065호
전화 070-4786-4823 팩스 070-7610-2823
홈페이지 http://www.letsbook21.co.kr 이메일 letsbook2@naver.com
블로그 https://blog.naver.com/letsbook2 인스타그램 @letsbook2

ISBN 979-11-6054-770-2 03910

* 이 책은 저작권법에 따라 보호를 받는 저작물이므로 무단전재 및 복제를 금지하며, 이 책 내용의 전부 및 일부를 이용하려면 반드시 저작권자와 도서출판 렛츠북의 서면동의를 받아야 합니다.